获2022年山东省社会科学普及『十佳』读物
山东省中华诗文教育学会重点推荐读物

潘恩群／著

孔门十哲

山东教育出版社
·济南·

图书在版编目（CIP）数据

孔门十哲／潘恩群著．—济南：山东教育出版社，
2022.4（2023.5重印）

ISBN 978-7-5701-2004-8

Ⅰ.①孔… Ⅱ.①潘… Ⅲ.①孔丘（前551—前479）-
学生-传记 Ⅳ.①B222.3

中国版本图书馆CIP数据核字（2022）第050713号

KONGMEN SHI ZHE

孔门十哲　　　　　　　　　　　　　　　　潘恩群　著

主管单位：山东出版传媒股份有限公司

出版发行：山东教育出版社

地址：济南市市中区二环南路2066号4区1号　　邮编：250003

电话：（0531）82092660　　网址：www.sjs.com.cn

印　　刷：济南龙玺印刷有限公司

版　　次：2022年4月第1版

印　　次：2023年5月第2次印刷

开　　本：710毫米×1000毫米　1/16

印　　张：20.75

字　　数：212千

印　　数：7001-10000

定　　价：46.00元

（如印装质量有问题，请与印刷厂联系调换）印厂电话：0531-86027518

学术委员会

序言

　　2017年1月25日，中共中央办公厅、国务院办公厅联合下发了《关于实施中华优秀传统文化传承发展工程的意见》，特别强调要通过传承发展中华优秀传统文化，汲取中国智慧、弘扬中国精神、传播中国价值。2017年10月18日，习近平总书记在党的十九大报告中指出："全党要更加自觉地增强道路自信、理论自信、制度自信、文化自信"。从此，我国传承发展中华优秀传统文化的事业，迈入了中国特色社会主义文化建设的新时代。

　　我国两千五百年前，孔子及其弟子共同创建的儒家文化，既是对三皇五帝、夏商周中华远古优秀文化的继承发展，也开启了春秋战国百家争鸣的思想大碰撞，汉武帝采纳董仲舒建议，"罢黜百家，独尊儒术"，中国进入将近两千年的封建文化专制时代。以孔子为代表的儒家文化，经过一百多年前陈独秀、胡适、鲁迅等新文化领军人物革故鼎新的批判洗礼，在中国特色社会主义发展的新时代，焕发出灿烂光芒。其中，自强不息、敬业乐群、扶危济困、见义勇为、孝老爱亲等中华传统美德，更是体现出广泛、深厚、持久的生命活力。

　　人生需要引导，成长需要榜样。单靠现成的道德知识说教，很难对人的成长起到持久激励作用。纵观我国上下五千年历史长河，最具人性修养、包容向善、道德自砺的榜样群体，当首推孔子和他的弟子们。孔子是我国伟大的教育家，是以人性成长、人格塑造为教育宗旨的师表楷模。他对弟子的教育，始终坚持立德为本，仁义为先，教化弟子忠信孝悌，"兴于诗，立于礼，成于乐"。他周游列国十四年，历尽人生磨难而矢志不移，终生带领弟子"志于道，据于德，依于仁，游于艺"，体悟温良恭俭让、恭宽信敏惠的谦谦君子情怀，探寻拯救天下苍生的周公礼乐教化之道。他的弟子有三千之众，贤者七十余人，更有追随他周游列国十四载、历尽磨难志不移的优秀弟子代表——孔门十哲，在德行、言语、政事、文学等方面各有所长，传颂至今。

本书作者即以孔门十哲为框架，以孔子教授弟子为引领，以《论语》章句为素材，以《孔子家语》《孔丛子》《礼记》《左传》《史记》等文献史料为参照，以孔门十哲生活的春秋列国动荡社会为背景，演绎孔门十哲和孔子的系列故事。这一系列故事，描绘出了孔子及其儒家学说产生发展的脉络：孔子面对礼崩乐坏的春秋没落困境，创建了以周公礼乐制度为核心的儒家学说；他三十收徒开办私学，拜访老子丰富自己学问，开启了学而不厌、诲人不倦的教育生涯；他四十奔走于社会各界，广泛宣传儒家治国理政的仁义学说，春秋列国更多学子慕名而至，弟子弥众；他五十出仕鲁国，推行儒家礼乐教化治国方略，辅佐鲁定公取得夹谷之会的外交胜利，开启了他治理鲁国的黄金岁月；他五十五岁到六十八岁，面对鲁国君臣受齐国蛊惑遭到排挤的困境，毅然带领以孔门十哲为主的优秀弟子们，踏上了十四年寻觅明君、推行周公之道的周游列国历程；虽然周游列国未能获得成功，但孔子和孔门十哲为主的弟子们推广的儒家学说，却获得了列国君臣的广泛尊重，更收获学子们的由衷敬仰。孔子去世后，他的早期弟子子贡、冉有、冉雍等人，利用自身的地位和名望，坚决维护孔子至高无上的儒学圣人地位；他的后期弟子子游、子夏、子张和曾参等人，当仁不让地扛起了传播孔子儒家学说的文化大旗。他们最终把传承儒家学说的大旗传承给了孔子嫡孙孔伋，为孟子继续发展孔子儒家学说，奠定了极其深厚的理论根基。

文化是民族的血脉，是人民的精神家园。本书作者广览博取、精心演绎，向读者展现了一个又一个鲜活的孔门十哲人生成长历程。颜回为什么能"人不堪其忧，回也不改其乐"，终生追随孔子无悔；闵子骞少时"母在一子单，母去三子寒"的孝道美德，为什么能让"人不间于其父母昆弟之言"；"伯牛有疾"，孔子为什么发出"斯人也而有斯疾也"那样心疼的呼号；冉雍为什么能得到孔子"可使南面""雍之言然"那样的高度认可；宰予昼寝，为什么却能得到孔子将其才能置于子贡之前的认可；子贡经商能够致富，出使四方不辱君命，获得了列国君臣的纷纷赞誉，为什么在孔子生前身后，总是那样发自肺腑地维护孔子至高无上的圣人地位；冉求面对孔子"非吾徒也，小子鸣鼓而攻之可也"的严厉批评，为什么还是对被迎请回鲁的孔子那样嘘寒问暖、尊重有加；子路为什么由一个鲁莽有余的赳赳武夫，成长为杀身成仁的正人君子、千古英雄；还有孔门十哲的后起之秀子游为什么能够成为"南方夫子"，子夏为什么能够被孔子赞为"起予者"，取得"诸经独有书"的儒学辉煌成就。相信这些孔门十哲接受孔子教育成长的系列故事，可以为《论语》广大爱好者，特别是中小学教师、家长，提供一本深化《论语》章句体验、铸就读者仁爱乐学人格的优秀读物。

　　本书作者多年来一直在基础教育领域辛勤耕耘，不仅是教学管理方面的行家里手，更在多年办学实践中，精心编辑中小学生《中华经典诗文诵读》丛书，持续开展在校学生"经典诗文"诵读活动，参与主持的《小学"诵、解、习、行"经典诵读课程构建与实施》获得山东省教学成果一等奖。同时，作者近年来协助我开展山东省"互联网+教师专业成长"中华优秀传统文化专题工作坊教师研修活动，广泛阅读"四书五经"、拓宽《左传》《礼记》《史记》文化视野。作者对《论语》一书进行了以"孔门十哲"为框架的研读探索，历时五年完成《孔门十哲》一书，殊为不易。希望该书能为读者带来传承中华优秀传统文化的美好体验。

李文军

2021年10月

目 录

仁而乐学篇——颜回

1　拜师求学 …………… 002
2　克己复礼 …………… 005
3　吃米见仁 …………… 010
4　谦逊言志 …………… 013
5　回也不愚 …………… 016
6　回何敢死 …………… 018
7　为邦之道 …………… 023
8　贤哉回也 …………… 027
9　子哭之恸 …………… 030
10　追忆颜回 …………… 035

孝感人间篇——闵子骞

11　鞭打芦花 …………… 040
12　虔诚拜师 …………… 043
13　尊为学长 …………… 045
14　为费邑宰 …………… 047

15　待客孔子 …………… 051
16　追随孔子 …………… 053
17　葬于高元 …………… 055

端庄贤德篇——冉耕

18　冉离成家 …………… 060
19　耕雍好学 …………… 062
20　耕读世家 …………… 064
21　耕入孔门 …………… 066
22　德让良田 …………… 068
23　伯牛有疾 …………… 071

可使南面篇——冉雍

24　拜师孔门 …………… 074
25　请教仁道 …………… 076
26　从政弃政 …………… 078

口才卓著篇——宰予

27 拜师受教 …………… 084

28 追问五帝 …………… 086

29 昼寝受责 …………… 089

30 井有仁焉 …………… 091

31 使楚获赞 …………… 094

32 争鸣丧期 …………… 098

33 哀公问社 …………… 101

34 人生结局 …………… 104

智而善问篇——子贡

35 出使吴国 …………… 108

36 受师重托 …………… 110

37 出使四国 …………… 112

38 拜师学道 …………… 115

39 问孝问贤 …………… 118

40 问仁问政 …………… 120

41 评点同门 …………… 124

42 解围卫君 …………… 127

43 争归鲁城 …………… 131

44 庐墓六年 …………… 134

45 弘扬孔学 …………… 137

好学博艺篇——冉求

46 力主抗齐 …………… 144

47 挂帅出征 …………… 148

48 迎孔归鲁 …………… 152

49 婉拒劝谏 …………… 155

50 非吾徒也 …………… 158

51 劝止内乱 …………… 160

52 请粟风波 …………… 164

耿直忠勇篇——子路

53 百里负米 …………… 168

54 拜师孔子 …………… 171

55 墓前问妇 …………… 174

56 善问乐行 …………… 177

57 坚定志向 …………… 181

58 困厄卫道 …………… 185

59 忠谏孔子 …………… 189

60 治蒲获赞 …………… 193

61 居卫论道 …………… 196

62 坚守大义 …………… 199

63 问死问神 …………… 201

64 正冠就义 …………… 204

南方夫子篇——子游

65 拜访子贡……………… 208

66 拜师问孝……………… 211

67 闻师论礼……………… 213

68 独闻大道……………… 216

69 出仕武城……………… 219

70 服丧研礼……………… 223

71 南方夫子……………… 226

博学笃志篇——子夏

72 郊外迎孔……………… 230

73 拦车拜师……………… 233

74 再次离卫……………… 236

75 潜心学《诗》………… 238

76 见证博学……………… 242

77 随师奔楚……………… 244

78 出仕"小行人"…… 246

79 司马牛来访…………… 250

80 解惑樊迟……………… 254

81 回乡尽孝……………… 257

82 为莒父宰……………… 260

83 辞官守孝……………… 263

84 师徒研《易》………… 265

85 助修《春秋》………… 268

86 传承《春秋》………… 270

87 建庙护孔……………… 273

88 参编《论语》………… 277

89 争鸣子张……………… 279

90 争鸣子游……………… 283

91 寻找盟主……………… 285

92 推举盟主……………… 288

93 发难盟主……………… 291

94 受邀赴魏……………… 293

95 尊为国师……………… 296

96 辞别曾参……………… 299

97 西河讲学……………… 302

98 被尊为圣……………… 305

99 丧子失明……………… 307

100 又见曾参………… 309

主要参考文献………… 315

仁而乐学篇——颜回

孔子曰："自吾有回，门人日益亲。"回以德行著名，孔子称其仁焉。

——《孔子家语通解·卷第九·七十二弟子解第三十八》

克己复礼

1 拜师求学

"夫子，您可以收我儿子颜回（颜回，字子渊，亦称颜渊）做正式弟子了。虽然前几年您因我家贫，多次说要免收他拜师的'束脩'①，可是他一定要自己攒够，才肯正式拜师。他自十一岁起，为季家放羊三年，所攒费用已经购齐十束干肉，请您为他举办拜师仪式吧。"孔子的弟子颜路，在一次聆听孔子讲学后，庄重地向孔子提出儿子的拜师请求。孔子听后，非常高兴，马上答应了颜路的请求。

上面请孔子收颜回为弟子的，是颜回的父亲颜路。孔子三十岁那年开办私塾收徒，颜路小孔子六岁，却很敬慕孔子的才学，二十四岁的他主动拜孔子为师，成为孔子的早期弟子。说来也巧，颜回就是在父亲拜孔子为师的那一年出生的。

颜回自幼聪慧乖巧，六岁之后就常常跟着父亲拜见孔子，听

---

① 束脩：成捆的干肉。束，量词；脩，干肉。古代常用来做初次拜见的礼物，自孔子开始成为弟子拜师"学费"的称谓。

父亲向孔子请教学问，并且开始随父识字诵《诗》。颜回十一岁那年，就能够对《诗》里面的大部分篇章熟读成诵了。那时，孔子就要破例收颜回为徒（孔子收徒一般不小于十五岁）。可是颜回总是推脱，说自己还不具备拜师孔子的资格。于是，孔子就把这件事情拖延下来了。

公元前508年阳春三月的一天，位于鲁国都城曲阜的孔子私塾院落，被弟子们打扫得干干净净。三十五岁的弟子子路（仲由，字子路、季路），正帮着孔子张罗十四岁少年郎颜回的拜师礼。三十三岁的漆雕开（漆雕开，字子开），在颜回拜师前的一点时间里，仍在苦读《书》①简。这位小孔子十一岁的弟子漆雕开，是东周春秋时期蔡国人，酷爱学《书》，不爱出仕。漆雕开三十岁的时候，孔子觉得他具备出仕的学识与能力了，就建议他去做官。漆雕开向孔子汇报说："夫子，我觉得还需要继续跟您学习，我对从政还缺乏自信。"②孔子听后很高兴，很欣赏他这种不慕为官富贵、谦逊好学的优秀品质。

上午巳时（九点）已到，只见孔子穿戴一新，在院中铺设的竹席上居中而坐，他的弟子们也分列两旁正襟危坐。漆雕开被子路委托为颜回拜师孔子的主持。当看到孔子和弟子们都已坐好的时候，他马上开始主持颜回的拜师仪式。

---

① 《书》：即《尚书》，是我国古代最早的一部历史文献总集，分为《虞书》《夏书》《商书》《周书》四大部分。《尚书》最初简册很多，经孔子整理后，选出百篇，纂辑成"训典""故志""语"。孔子即以此书教育弟子从政之道，儒家把它列为经书。

② 参见《论语译注·公冶长篇第五》第6章。子使漆雕开仕。对曰："吾斯之未能信。"子说。

　　首先，颜回跪拜孔子，献上拜师的束脩；然后是孔子的弟子，每人送给颜回一句勉励之言。子路赠言道："颜回虽年少，却聪敏好学。我愿与颜回同学共进。"漆雕开赠言道："我学《书》未透，诵《诗》未熟，愿与颜回跟随夫子研悟《诗》《书》，习学《礼》《乐》。"最后一个赠言的，是孔门弟子曾皙，他向颜回赠言道："颜回已受夫子熏陶数年，勤学好问，而今正式拜师夫子，愿你今后'文、行、忠、信'①更善。"曾皙是孔子时代鲁国南武城人，他和颜回父亲颜路一样，都是孔子早期弟子，笃信孔子学说。因此，曾皙后来也让自己的儿子曾参（曾参，即曾子，字子舆）拜为孔门弟子，可见孔子人格及其儒学的魅力。

　　此时，颜回听罢学兄们的赠言，向孔子叩首求教道："愿闻夫子教诲之言。"孔子捻须沉吟片刻赠言道："孔门弟子，在家要孝敬父母，在外要兄友弟恭，为人要谨慎守信，平日要博爱百姓，亲近仁德贤人。能够做到这些要求，再去学习《诗》《书》《礼》《乐》，才是可行的。②希望颜回能与各位学兄遵从为师上述教导，感悟好学、为仁之道。"颜回恭恭敬敬地答道："回虽迟钝，也一定听从夫子教诲，身体力行。"从此，颜回正式踏入孔门，终生追随孔子学习周公之道，被孔子评价为最"好学"的弟子。

　　亲爱的读者，颜回拜师孔门，是怎样向孔子求教为学的呢？请您继续品读颜回请教孔子"克己复礼"的故事。

---

　　① 参见《论语译注·述而篇第七》第25章。子以四教：文，行，忠，信。
　　② 参见《论语译注·学而篇第一》第6章。子曰："弟子，入则孝，出则悌，谨而信，泛爱众，而亲仁。行有余力，则以学文。"

2 克己复礼

颜回拜师孔子为学，深切感受到孔子对"仁"极为推崇。一个人怎样做才能够达到"仁"的道德境界呢？他苦苦思索，不得其解。

有一天，颜回陪侍孔子在屋里弹琴唱诗，中途进来两位弟子打断了孔子的弹唱，一位是最忠于孔子的子路，一位是刚拜孔子为师不久的子贡（端木赐，字子贡）。他们一块进门请教孔子管仲是否算得上"仁人"。这是因为孔子在不久前的一次讲课中，和弟子们探讨了该如何评价管仲。

孔子对弟子们说："管仲的气量很狭小啊！"

有弟子问道："管仲精心辅佐齐桓公，他是不是很节俭呢？"孔子摇摇头说："管仲收取了百姓大量的租税，怎么谈得上节俭呢？"

这位弟子又问："那么，管仲辅佐齐桓公成为诸侯盟主，是由于他知礼懂礼、遵循礼节吧？"孔子又摇摇头解释道："齐桓公在宫殿门前立了一个塞门，管仲也立了一个塞门；齐桓公在堂上设立放置酒杯的反坫（diàn），专门用于招待君主，管仲也在府邸设立了这样的东西。如果说管仲懂礼尊礼，那谁不懂礼尊礼呢？"①孔子所说的"塞门""反坫"，分别相当于现在庭院进门的照壁、厅堂中招待来宾的吧台，按照当时的礼制规定，这是只有国君才可以享用的设施，管仲作为臣子，这样做是僭（jiàn）越君臣规矩的。可是孔门弟子也都知道，齐桓公能成为春秋霸主，全靠富有文韬武略的管仲精心辅佐。那么，该怎么评价管仲呢？他还是一个"仁人"吗？孔子把这个问题交给弟子们讨论。

没过几天，性急的子路和好奇的子贡就找孔子报告他们评价管仲的心得了。子路年长，自然先说："敢问夫子，齐桓公杀了他的哥哥公子纠，公子纠的师傅召忽因此自杀，但辅佐公子纠的管仲却没有一块去死。管仲该不是有仁德的人吧？"孔子虽然觉得管仲身上有奢而不礼的毛病，但不能否认管仲振兴齐国的盖世功劳，于是回答子路道："齐桓公能够凭借齐国的强大国力和威望，多次主持诸侯间的盟会，避免了战争，都是管仲辅佐的功劳。这就是管仲的仁德啊！"②

---

① 参见《论语译注·八佾篇第三》第22章。子曰："管仲之器小哉！"或曰："管仲俭乎？"曰："管氏有三归，官事不摄，焉得俭？""然则管仲知礼乎？"曰："邦君树塞门，管氏亦树塞门。邦君为两君之好，有反坫，管氏亦有反坫。管氏而知礼，孰不知礼？"

② 参见《论语译注·宪问篇第十四》第16章。子路曰："桓公杀公子纠，召忽死之，管仲不死。"曰："未仁乎？"子曰："桓公九合诸侯，不以兵车，管仲之力也。如其仁，如其仁。"

说起子路向孔子请教的"管仲不死"事件，说的是春秋时期齐国的管仲和他的好朋友鲍叔牙的感人故事。他俩分别辅佐齐国的公子纠和公子小白。两人约定，将来这两位齐国的公子不管谁继位，都一块辅佐新国君振兴齐国。

当时齐国政局混乱，齐襄公被堂弟公孙无知谋杀篡位，公子纠和公子小白远逃避祸。公子纠在管仲辅佐下逃到了鲁国，公子小白在鲍叔牙的辅佐下逃到了莒国。篡位的公孙无知骄奢淫逸引发众怒，遭到齐国大夫雍廪谋杀。齐国拥戴公子纠和公子小白的两派大夫分别向公子纠和公子小白报信，请他们速回齐国继位。

管仲半道截杀公子小白以为得逞，耽误了拥戴公子纠回国的行程。公子小白假装被射中提前回到齐国继位后，迅速派兵打败了护送公子纠回齐国继位的鲁国军队，并派鲍叔牙出使鲁国下达了杀害公子纠的通牒，辅佐公子纠的另一位臣子召忽自杀了。

鲍叔牙按照当初约定，接回管仲并保举他做了齐国的宰相。这才有了管仲辅佐齐桓公称霸诸侯的一番伟业。

子贡听了孔子的回答还是不能理解，进一步提出了自己的看法："敢问夫子，我还是觉得管仲算不上仁人吧？齐桓公杀死了他的哥哥公子纠，管仲作为公子纠的师傅，不但不以身殉难，还去辅佐公子纠的政敌齐桓公，怎么能算得上是仁人呢？"

孔子更进一步明确了"仁人"的根本评价标准，即是否能做到达人、立人而安天下百姓，因此更加坚定了对管仲之仁的评价："管仲辅佐齐桓公尊奉周天子为王，称霸诸侯，匡正天下，民众到今天还在受益。假若没有管仲，我们到今天都会披散着头发，衣襟向左边开，沦落为落后民族了。我们非得苛求管仲像普通百姓那样固守着小节小信，自杀在山沟中而不为世人所知吗？"①

子路和子贡听后，若有所思地点点头。颜回对这场管仲仁否的讨论，听得饶有趣味，连忙向孔子请教道："弟子回非常仰慕仁人，虽不奢望能有管仲九牛一毛之功，但请夫子指点，回怎样做才能成为有仁德的人呢？"

孔子深知自己弟子之中，颜回乐于律己又好学不厌，因此满怀期望地教诲道："克制自己，使言语行动都符合礼制规范，就是仁。你一旦这样做到了，就会被天下的人称许为仁人。回啊，实践仁德，全靠自己，还靠别人吗？"

颜回进一步请教道："夫子，我明白了您'克己复礼为仁'的要求，请问我该怎么具体去做呢？"

孔子思考片刻，给颜回提出了四点要求："不合礼的事不看，不合礼的话不听，不合礼的话不说，不合礼的事不做。"颜回听了恍然大悟，跪拜孔子道："多谢夫子教诲。回虽不敏，也一定实践您的教导。"②

从此以后，颜回更加严格要求自己的一言一行，凡事都依礼

---

① 参见《论语译注·宪问篇第十四》第17章。子贡曰："管仲非仁者与？桓公杀公子纠，不能死，又相之。"子曰："管仲相桓公，霸诸侯，一匡天下，民到于今受其赐。微管仲，吾其被发左衽矣。岂若匹夫匹妇之为谅也，自经于沟渎而莫之知也？"

② 参见《论语译注·颜渊篇第十二》第1章。颜渊问仁。子曰："克己复礼为仁。一日克己复礼，天下归仁焉。为仁由己，而由人乎哉？"颜渊曰："请问其目。"子曰："非礼勿视，非礼勿听，非礼勿言，非礼勿动。"颜渊曰："回虽不敏，请事斯语矣。"

而行，对上恭敬有加，对下仁慈友爱，对待同门谦让宽厚。

孔子经常感慨地对人称赞颜回："自从颜回拜入我的门下，我门下的弟子就日益亲密友爱了。"①

亲爱的读者，您是否想知道，颜回在生活中实践"仁德"到了什么境界呢？请您继续品读颜回困苦危难境遇追随孔子"吃米见仁"的故事。

① 参考《孔子家语通解·卷第九·七十二弟子解第三十八》。

3 吃米见仁

颜回"吃米见仁"的故事，发生在追随孔子周游列国"在陈绝粮"期间。当时孔子居住的陈国，遭到吴国和楚国两大强国的轮番征讨。楚昭王带兵伐吴救陈，了解到孔子在陈国不得志的情况。楚昭王对孔子的正直人品与诗书礼乐的治国主张仰慕已久，很想改变楚国以武治国的方略，觉得孔子是实现他楚国新政的理想人选，于是向孔子发出了赴楚重用的邀请。

孔子周游列国，在卫国、陈国、宋国等国处处碰壁，没有国君接纳他的治国主张，便把关注的目光转向了楚昭王。楚昭王这次抗吴救陈，虽然占卜不吉利，但是为了履行保护陈国的盟约，不顾群臣劝阻，亲自领兵救援陈国。行军途中，楚昭王得病，占卜的人说是黄河之神作怪，要楚昭王祭祀。大臣们都同意这种说法，要去祭祀黄河之神。楚昭王却反驳道："古代圣明君主规定的祭祀制度，祭祀不能越出本国山川。长江、汉水、睢（suī）水、漳水，是楚国的江水。我的祸福，不会超过这些地方。"

于是就没去祭祀黄河之神。占卜的人又出主意道："大王也可以通过禳（ráng）祭，把病转移到您的属下令尹、司马等大臣身上。"要知道，那时候的人是非常迷信占卜祭祀的，但楚昭王却不盲信，坚定地说："把我的病转移到大臣身上，犹如把人的腹心疾病转移到大腿胳臂上，对楚国有什么好处？我没有重大的过错，上天能让我死去吗？我如果有罪就该受到处罚，又能移到哪里去呢？"于是就不去禳祭。[①]

孔子对楚昭王的这些睿智的举动非常欣赏，接到楚昭王的邀请自然很高兴，急忙带领弟子们赶赴楚国。

陈国和蔡国的大夫知道孔子富有治国才能，担心楚国重用孔子对自己国家不利，于是就在孔子带弟子去楚国的路上，派兵围困了他们整整七天。孔子的弟子们饿得都直不起腰了。幸亏子贡机灵，偷偷换回了一石米。由于饥饿难忍，大家都无力干活，只有颜回强打起精神，劝子路和他一同在一间破屋子里煮起米来。其间，颜回发现有块木灰掉进锅中，感觉不干净，就把弄脏的米粒与子路分吃了。正巧，子贡从井边看到了颜回吃米的举动，心想：好你个颜回！平时夫子总是夸你品德高尚，谁知你假仁假义，趁着大家不注意，竟和子路偷吃起米来。子路处事鲁莽，可以原谅，你颜回这样做就不地道了。夫子总让大家学习你严于律己的美德，看来他老人家也有看走眼的时候。

子贡悄悄走进孔子屋里问道："请问夫子，仁义正直的人在

---

① 参考《左传·哀公六年》。

穷困的时候，会改变操守吗？颜回不是这样的人吧？"孔子听了一愣，回答道："我相信颜回的人品，告诉我他做了什么。"子贡便把看见颜回偷吃米的事向孔子讲了一遍。孔子听了，沉思片刻，半信半疑地对子贡说："你把颜回叫来，我考察一下再说。"

颜回来到孔子屋里，孔子说："回啊，我要祭祀先人，保佑大家平安，请你把做好的米饭拿进来用吧。"颜回听了，马上摇头答道："夫子，我做的米饭不能用来祭祀。因为我看到有灰尘落入米中，虽然我捡起来吃到肚里，可是做好的米饭已经不干净了。夫子您说过，如果用不干净的东西祭祀，就是对先人的不敬啊！"孔子听后，赞许地拉着颜回的手说："回啊，你真是我的好弟子！以前你曾问仁于我，今日你当之无愧，可称仁德之人了。"说完，他立即把子贡和其他弟子召进屋里，简单说明了这件事情的前因后果，朗声说道："颜回是我的好弟子！人前人后，言行一致，合于仁德。今后，我是不会怀疑他的德行了。"子贡从此对颜回真正佩服起来，和其他弟子一起，尊颜回为孔子的首席弟子了。①

亲爱的读者，读完颜回困苦危难境遇"吃米见仁"的成长故事，您是否还想了解颜回的人生志向呢？请您继续品读颜回"谦逊言志"的故事。

---

① 本故事参考《孔子家语通解·卷第五·在厄第二十》。

4 谦逊言志

孔子特别关注对弟子志向的培养，尤其是对颜回、子路和子贡三位弟子的志向指导。有一次，颜回和子路侍立在孔子身边交谈。孔子提议他们彼此说说自己的志向。子路率直，抢先说："我愿意把自己的车马衣服与朋友共同使用，即使损坏了，也不会有什么不满。"颜回接着说："我希望谨言慎行，不向别人夸耀自己的好处，不向师长表白自己的功劳。"孔子赞许地对颜回点点头，回应子路道："我的志向是，让老者生活安逸，让朋友对我信任，让弟子听从我的教诲。"①

还有一次，孔子带领颜回、子路和子贡三位弟子北游农山的时候，提议三位弟子谈谈各自的志向。子路仍是心直口快，表

---

① 参见《论语译注·公冶长篇第五》第26章。颜渊季路侍。子曰："盍各言尔志？"子路曰："愿车马衣轻裘与朋友共敝之而无憾。"颜渊曰："愿无伐善，无施劳。"子路曰："愿闻子之志。"子曰："老者安之，朋友信之，少者怀之。"

示愿意率领一支劲旅凯歌而还。孔子夸奖子路"勇敢"。子贡随后表示乐意调解激战的双方，化干戈为玉帛。孔子夸奖子贡"善辩"。孔子随后请退到子路和子贡后面的颜回也说说自己的志向。颜回是这样表达自己抱负的："我渴望能够遇到明君，并竭力辅佐他。我要帮明君建设父义、母慈、兄友、弟恭、子孝的礼制社会，用圣贤礼乐教育感化百姓，使天下各国城里不必设防，国与国互不越境，将兵器铸为农具，把军马放到平原大泽去，国家永远没有战争灾难。我想，如果我的志向实现了的话，那么，子路兄则不必劳其勇，子贡弟则不必费其辞了。"孔子在赞赏了颜回的"美德"后，进一步评价道："不伤财，不害民，不欺诈，只有颜回这样的弟子能做得到啊！"[1]

如果说子贡机智灵活能胜颜回一筹的话，那么在潜心向学和对孔子学说的领悟能力上，则与颜回差了好几个档次。孔子是终生反对武力与战争的，更不屑于诸侯之间外交行动的尔虞我诈。因此，颜回比子路、子贡等人，更得孔子"君君、臣臣、父父、子子"[2]学说的真传，志向更加坚定。特别是在断粮七日的绝境中，颜回表现得就尤为突出。孔子在那种绝境中，特别向子路、子贡、颜回三人征询他们对自己学说的看法。子路认为孔子道义不深、智慧不够，导致诸侯不接受他的主张，孔子非常失望；子

① 参考《孔子家语通解·卷第二·致思第八》。
② 参见《论语译注·颜渊篇第十二》第11章。齐景公问政于孔子。孔子对曰："君君，臣臣，父父，子子。"公曰："善哉！信如君不君，臣不臣，父不父，子不子，虽有粟，吾得而食诸？"

贡则劝孔子把学说标准降低一些，孔子表示难以苟同；只有颜回听了孔子的征询，坚定地站在孔子学说的立场赞赏道："夫子您的学说博大精深，致使天下人都不能接受您。虽然这样，夫子您还是推广并实践它。列国不任用我们，是各国统治者的耻辱。夫子您还有什么可忧虑的呢？虽然不被接受，但正是这样，才显出夫子您君子的仁人志士本色。"孔子听了颜回的话，高兴地感叹道："讲得多有道理啊，颜氏的小伙子！你和我的想法才是一样的。"①

亲爱的读者，我们在颜回对孔子的两次言志中，可以体会到颜回对孔子学说的深刻领悟，感受到颜回那种谦恭礼让、热爱和平、崇尚大同的高尚情怀。请您继续品读孔子评价"回也不愚"的故事。

---

① 参考《孔子家语通解·卷第五·在厄第二十》。

5　回也不愚

　　孔子对颜回赞赏有加，难道就没有不满批评之语吗？熟读《论语》的读者，是能够发现一两处孔子对颜回不满的评价的。

　　颜回自从成为孔子的正式弟子后，每次认真听完孔子讲解《诗》《书》典章后，都能在课后耕田、牧牛的劳作中潜心领会。孔子看到颜回听得多说得少，很少提问质疑，就以为颜回木讷愚笨。可是有一次子路的突出表现，改变了孔子对颜回的看法。

　　孔子在鲁国为政期间，为鲁国出台了一条规定：鲁国人看见本国同胞被卖为奴隶或者婢女时，只要肯出钱把人赎回来，鲁国就会给他们补偿，以示奖励。

　　孔子的弟子子贡，是一个很有钱的商人。他从国外赎回来不少鲁国人，为了赢得好名声，拒绝了鲁国的补偿。孔子对子贡这种自诩清高的表现并不赞同。正巧这时候，孔子的弟子子路路过河边看到有一个小孩落水，便奋不顾身跳进河里，将那个小孩救上岸来，还收下了那家人为表达谢意赠送的一头牛。

孔子针对这两件事情，对弟子们教诲道："在你们和外人看来，端木赐赎人不要酬劳似显高尚，仲由救人收牛似乎贪财，其实不然。端木赐的作为，实际上堵塞了他人为鲁国赎人的善举通道，对鲁国不利；仲由的作为，却能够鼓励更多的人向遇难者伸出援助之手。我建议大家还是向仲由学习吧。"

子路是个爽快人，心里藏不住事，赶忙红着脸向孔子汇报道："夫子对我的夸赞，我实不敢当。我救人的时候，颜回也在，他虽不会游泳，却也协助我一块救起了那个落水的小孩。本来我也是要逞匹夫之勇不要酬谢的，是颜回启发我要实践夫子爱民、利民、励人的主张，劝我收下那一家人的酬谢之牛。颜回和我还与那家人约定，共同使用这头耕牛，帮助没有耕田能力的鳏寡残疾人家。"

孔子听了子路的汇报，高兴地向弟子们承认了自己以前对颜回的不当评价："我以前整天给颜回讲学，他从不提出反对意见或疑问，像个愚笨的人。从仲由救人这件事情来看，颜回听我讲学之后，是能够思考发挥的，可见颜回并不愚笨。" [1]

亲爱的读者，读了这则"回也不愚"的成长故事，您是否认同：无论是颜回自悟，还是子路发问、子贡智对，都是有效的学习方式。请您继续品读"回何敢死"的感人故事，进一步了解颜回跟随孔子周游列国的艰难与惊险吧。

---

[1] 参见《论语译注·为政篇第二》第9章。子曰："吾与回言终日，不违，如愚。退而省其私，亦足以发，回也不愚。"

6 回何敢死

孔子周游列国到的第一个国家是卫国。

卫灵公虽然表面上对孔子礼遇有加，但并不真心认同孔子的仁义礼乐治国之道。卫灵公身边的奸臣见风使舵，便向卫灵公诬告孔子及其弟子对卫国有不轨企图。卫灵公多疑，就派人监视孔子和他弟子的行踪。孔子苦恼得不到卫灵公的信任，就带领弟子离开卫国，想到陈国游说陈潜公施展周公治国之道。他们途中路过卫国边境一个叫匡的地方。当车子行进到匡地城墙的时候，那个为孔子驾车的叫颜刻的弟子，扬起马鞭指着不远处的一个城墙缺口说："以前鲁国奸臣阳虎带领军队路过匡地，就是从那里打开缺口攻进去的。" 孔子最不喜欢阳虎不讲仁义、粗暴狡诈的作为，皱着眉头没有回应。

说起鲁国季氏家臣阳虎，可以算得上鲁国政坛上与孔子人品截然不同的反面人物了。阳虎专权不择手段，唯利是图；孔子为政以德，齐之以礼。孔子十七岁母亲去世那一年，听说鲁国执政大臣季氏宴请鲁国贵族士子。认为自己是鲁国名将叔梁纥后代的孔子，便兴冲冲地来到了季氏门前。此时阳虎已经做了季氏家臣，拦住了孔子，说他不在季氏邀请之列，孔子只好悻然而归。[①]

后来孔子开办私学，广收门徒，名声渐起，社会威望越来越大，野心膨胀的阳虎控制了刚接替父亲季平子位置的季桓子，想做鲁国执政大臣，就想召唤孔子来协助自己收买人心。

孔子对阳虎无视君臣之道的乱国行径非常不齿，对阳虎采取避而不见的办法。诡计多端的阳虎，派人给孔子送了一头蒸熟的小猪。按照当时"来而不往非礼也"的礼仪，孔子必须到阳虎家回礼致谢。孔子不想见阳虎，便趁阳虎不在家的时候去拜谢。

可非常不凑巧，孔子竟然在去阳虎家的路上，与坐车出行的阳虎不期而遇了。阳虎便使出了拉拢孔子的本事，招呼孔子近前道："请过来，我同你说话。"

阳虎看到孔子走了过来，继续说道："你自己有一身的本领，却听任国家的事情糊里糊涂，这可以叫仁爱吗？"

阳虎没有听到孔子回答，便自己接口道："这是不可以的——你这个人喜欢做官，却屡屡错过机会，这可以叫作聪明吗？"

阳虎没有听到孔子回答，便又自问自答："这是不可以的。时光一旦流逝，就不再回来了呀！我这样主动邀请你出来做官，你到底是什么态度啊？"

---

① 参考《史记·孔子世家第十七》。

孔子感觉实在不好直接拒绝，就搪塞道："好吧，我可以考虑做官了。"①

孔子回去仍然使用拖延战术，直到阳虎乱国行径失败，逃奔齐国和晋国后，他才名正言顺地走上了鲁国政坛，开启了他一生中短短五年的为政辉煌生涯。

阳虎以前带领鲁国军队暴虐匡人，匡人一直没有忘记。这次颜刻与孔子的对话，恰巧被匡地的一个百姓听到。这个百姓听说了阳虎的名字，再看车中孔子高大威猛，状似阳虎，就以为是阳虎又带人来攻打匡地了，于是立即向匡地驻军首领简子报告。

匡地长官简子对阳虎以前暴虐匡人恨之入骨，于是趁着夜幕悄悄派兵包围了孔子师徒休息的驻地，意图活捉"阳虎"。这天晚上，颜回睡觉前仍然把孔子白天讲的《诗》《书》内容反复吟诵，睡前小解的时候发现驻地异常，连忙叫起子路，迅速和大家对院门及四周院墙做了警戒。

孔子面对颜回的报警，并没有显出太大的惊慌，从容应对道："我们不是来与匡人为敌的，只是路过。天亮向他们解释清楚，是会放行的。"

天亮后，孔子让子路负责驻地警卫，委托颜回陪同子贡与匡

---

① 参见《论语译注·阳货篇第十七》第1章。阳货欲见孔子，孔子不见，归孔子豚。孔子时其亡也，而往拜之。遇诸途。谓孔子曰："来！予与尔言。"曰："怀其宝而迷其邦，可谓仁乎？"曰："不可。——好从事而亟失时，可谓知乎？"曰："不可。日月逝矣，岁不我与。"孔子曰："诺；吾将仕矣。"

人交涉。匡人长官简子知道了来人是鲁国人后，更加怀疑是阳虎派来迷惑自己的，立即让人捆绑颜回做人质关押起来，让子贡回去向孔子传话。匡人继续围攻孔子驻地，威胁孔子师徒，让他们把"阳虎"交出来。

孔子一看问题不好解决，立即派子贡趁夜离开，到卫国首都求助军事大臣、孔子的好友宁武子。宁武子正为孔子离开卫国着急担忧，听闻孔子匡地被围，立即派人以国君名义下令匡人放行。

此时，匡地兵士已经与孔门弟子颜刻发生了小规模冲突，吃了点小亏。此刻他们不得不执行卫君命令，就先把孔子师徒放行，将颜回暂行扣押。

此时，孔门师徒已经被困多日，所以子路立即护送孔子和弟子们启程赶往蒲地。孔子担心颜回，年轻勇敢的子夏（卜商，字子夏）主动提出留下。侦察一夜后，第二天凌晨，子夏趁着看守困倦，终于成功解救出了颜回。[①]

当颜回和子夏赶到蒲地见到孔子，又是三日之后了。孔子见到颜回，紧紧抓着他的手腕，端详着颜回消瘦疲惫的脸颊，心疼地说："你才二十七岁，正是年轻有为的时候，又是我最喜欢的弟子。我很担心，担心你已经被匡人害死了。"

颜回望着孔子，抽出手腕，恭敬施礼道："上天弘扬正道，夫子您还在历经磨难推行周公之道，'回何敢死'？"[②]

---

① 参考《史记·孔子世家第十七》。

② 参见《论语译注·先进篇第十一》第23章。子畏于匡，颜渊后。子曰："吾以女为死矣。"曰："子在，回何敢死？"

孔子听后点点头，坚定地对弟子们说道："周文王已经死去，周代的礼乐制度不都在我这里吗？上天如果要毁灭这些礼乐制度的话，就不会让我们这些后死的人承担起维护它的责任。上天都没有要消灭周代的这些文化，匡人又能把我怎么样呢！"[①]

亲爱的读者，读了"回何敢死"这则颜回成长的感人故事，您是否认为只有经历了磨难的人，才会意志弥坚，愈挫愈勇？那么，您是否想了解颜回跟随孔子回到鲁国后的成长故事呢？请您继续品读颜回向孔子请教"为邦之道"的故事。

---

① 参见《论语译注·子罕篇第九》第5章。子畏于匡，曰："文王既没，文不在兹乎？天之将丧斯文也，后死者不得与于斯文也；天之未丧斯文也，匡人其如予何？"

7　为邦之道

孔门弟子众多，才华横溢。孔子周游列国回归鲁国后，弟子们大多都在周边国家为官从政，各显神通。子路先在鲁国做季氏宰，因"季氏将伐颛臾（zhuān yú）"事件（见本书"劝止内乱"故事）遭到孔子批评后，又回到卫国，带领师弟高柴做了卫国执政大臣孔悝（kuī）的家臣，与高柴文武相济，在卫国政坛发挥着重要作用；子贡儒雅经商，兼顾鲁、卫、齐、吴等国外交事务，富甲一方，受到列国诸侯热情接待；就连比颜回小十五岁的子游师弟也已经成为武城宰了。然而，已近不惑之年的颜回却不为这些名利所动，潜心追随孔子研究修身为邦之道。

有一天，颜回独自侍奉年迈的孔子时请教为邦之道。孔子积一生之思考，向颜回推崇礼乐治国之策道："要说为邦大道，应采各朝之长。我赞成用夏朝的历法，它符合一年四季的自然顺序；我提倡坐殷朝的车子，它比周朝的车子质朴耐用；我喜欢佩戴周朝的礼帽，它比夏殷朝代的更加美观气派。至于音乐嘛，我最推崇大舜的《韶》和大周的《武》；为政之道必须舍弃郑国低俗的乐曲，斥退使坏的小人。这是因为郑国的乐曲是靡靡之音，乱人心志；朝上的小人挑拨离间，祸国乱邦。"颜回听后，认真记录了下来，成为他向自己弟子传授孔子学说的重要内容。①

还有一次，颜回向孔子请教"成人之行"的标准，就是探讨完人的德行问题。孔子教诲道："通达人的本性，知晓事物变化，洞察物象风云变化的根源，这样的人可称为完美了。如此之人，再实行仁义礼乐教化天下百姓，就可以算是完美人的德行了。"颜回听明白了孔子所说的道理，就进一步拿鲁国一对贤臣祖孙臧文仲和臧武仲，向孔子请教谁更符合"成人之行"的标准。臧文仲早孔子近百年，是鲁国推崇以文治国的大夫代表，当时鲁国君臣普遍称誉他的贤能与智慧，颜回觉得他应该是"成人"标杆。臧武仲是臧文仲的孙子，世袭为鲁国大夫，是鲁国推崇以武强国的大夫代表，当时虽受鲁国国君器重，却受鲁国执政大臣季孙氏排挤，逃到邾国、齐国避难。颜回觉得臧武仲比较他的祖父臧文仲，是达不到"成人"标准的。

面对孔子"武仲贤哉"的回答，颜回很吃惊，不解道："臧武仲世称圣人，却不能免于获罪，不足称智；喜欢兵法征战，却惨败于小小邾国，难称有智。臧文仲虽然去世百年之久，他的智慧言论却传诵不朽，怎么会不贤明呢？"孔子听了颜回的辩解，

① 参见《论语译注·卫灵公篇第十五》第11章。颜渊问为邦。子曰："行夏之时，乘殷之辂，服周之冕，乐则《韶》《舞》。放郑声，远佞人。郑声淫，佞人殆。"

笑着继续指点道："世人往往只看到人性的表面，却忽略不仁的实质。臧文仲身死言存，所以被谥为'文'，但他做过三件不仁爱的事情，三件不明智的事情，这样就比不上臧武仲了。"

颜回听了，眼睛一亮，急问道："夫子，您能告诉我，这是怎么一回事吗？"孔子便为颜回解释起来："臧文仲始终不重用贤能仁德的展禽，设置六关征税剥削百姓，让家里女性编织草席贩卖与民争利，这是三件不仁爱的事情。为卜龟修建豪华居所，允许鲁僖公越位于鲁闵公祭祀，让国人祭祀海鸟，这是三件不明智的事情。咱们再来看看臧武仲避难齐国的表现，他明智地预见到齐国将要发生祸乱，所以没有接受齐君赏赐的封地，从而避免了一场灾难，这是明智中尤其不易做到的。不过，臧武仲也有让人诟病的地方，他出逃齐国前，凭借着他的采邑防城，请求立其子嗣为鲁国大夫。纵然有人为他开脱，说他不是要挟国君，我也是不相信的。[①]"孔子提到的展禽，是鲁国大夫展无骇之子，谥号惠，因其封地在柳下，后人又称其为"柳下惠"。他与臧文仲同一个时代，曾做过鲁国的法官，主持公道，坚持"以直道事人"，多次遭小人诬陷被撤职。有人对他建议道："夫子您德高望重，不可以离开鲁国另谋高就吗？"柳下惠朗声回答："我这样正直工作的人，到哪里去也会得罪小人遭到撤职的。如果不能

---

① 参见《论语译注·宪问篇第十四》第14章。子曰："臧武仲以防求为后于鲁，虽曰不要君，吾不信也。"

正直工作，我又为什么要离开我的国家呢？"①虽然臧文仲不重用柳下惠，但当时鲁国国君鲁僖公对柳下惠非凡的治国才能还是非常了解的。鲁僖公得知齐国国君齐孝公亲自率军进犯鲁国的消息时，首先想到了柳下惠，特地让柳下惠的弟弟展喜去向哥哥柳下惠请教针对齐孝公的退兵之策。展喜最终根据哥哥柳下惠所授外交辞令打动了齐孝公，成功劝齐国退兵。这个故事在《左传》《国语》中，都有类似记载，尤其是《左传·僖公二十六年》就有"展喜犒师"的精彩故事介绍。孔子对柳下惠德行才能非常欣赏，曾为其打抱不平道："臧文仲大概是个做官不管事的人吧！他明明知道柳下惠德行贤良，却不给他官位施展才华。"②

颜回听了孔子对臧文仲和臧武仲"成人之行"的评价分析，可以说是颠覆了他以前的认知，更加体会到了孔子为政以德学说的博大精深了。③

亲爱的读者，孔子对颜回的最高评价是什么呢？请您继续品读孔子赞赏"贤哉回也"的故事。

---

① 参见《论语译注·微子篇第十八》第2章。柳下惠为士师，三黜。人曰："子未可以去乎？"曰："直道而事人，焉往而不三黜？枉道而事人，何必去父母之邦？"

② 参见《论语译注·卫灵公篇第十五》第14章。子曰："臧文仲其窃位者与！知柳下惠之贤而不与立也。"

③ 本故事参考《孔子家语通解·卷第五·颜回第十八》。

8 贤哉回也

孔子在与颜回的父亲颜路交流时，曾为颜回抱不平道："颜回的学问和道德都是很好的，可是却一直穷得很；端木赐常常不安分做学问，喜欢囤货经商，猜测市场行情，竟然每每都猜对了。上天对颜回真是不公平啊！"①颜路安慰孔子道："我和儿子颜回，都愿跟从夫子学习修身为学之道，虽穷无怨；以后愿意继续潜心向学，安贫乐道。"孔子感慨良久，继续对颜路说道："端木赐曾问我如何看待贫穷而不奉承、富贵而不骄傲，我教导他不如贫穷乐道、富贵好礼更胜一筹②。现在遍观我的弟子们，他们

---

① 参见《论语译注·先进篇第十一》第19章。子曰："回也其庶乎，屡空。赐不受命，而货殖焉，亿则屡中。"

② 参见《论语译注·学而篇第一》第15章。子贡曰："贫而无谄，富而无骄，何如？"子曰："可也；未若贫而乐，富而好礼者也。"子贡曰："《诗》云：'如切如磋，如琢如磨'，其斯之谓与？"子曰："赐也，始可与言《诗》已矣，告诸往而知来者。"

都还停留在厌恶贫穷、羡慕富贵的一般人水平[①]。在我看来，唯有你们父子和我的弟子原宪，才算得上是真心安贫乐道的君子啊！"

公元前484年，也就是鲁哀公十一年，三十八岁的颜回跟随孔子回到鲁国。此时的颜回虽然名声显赫，却不出仕，仍把主要精力用于帮助孔子整理古代典籍编著《春秋》上。颜回在整理孔子交给他的典籍时，不限于一般的誊抄与记录，而是着重于考证，把周游列国时所获得的不同古籍互作参考，去伪存真。

子路有次自卫返鲁，约着鲁国季氏宰冉求（冉求，字子有，亦称冉有）和受齐君之托到鲁国访问的子贡一起来看望孔子。子路向孔子提议去看看年龄比他小、学问比他深、德行比他高、对他帮助特别大的颜回师弟。孔子欣然答应，带着子路、冉求、子贡等一帮弟子来到了颜回的住处。只见在鲁国曲阜城郊，一幢泥土垒成的荒芜院落前，有几株银杏树长得正旺，金秋时节满树的金色叶片，为这破败院落带来了勃勃生机，仿佛预示着孔门儒家学说的顽强生命力。

院门仿佛知道有客来访，悄然打开。颜回抱着一捆书简正要送往孔子宅院。他刚刚迈出大门，抬头正好看到不远处孔子及其弟子一行，十几辆车向自己家驶来。颜回非常高兴地请出父亲颜路，一块在院落里接待孔子及其弟子一行。孔子看到颜回身处陋室还那样怡然自得，痴迷学问研究，不禁脱口赞道："贤哉，回

---

① 参见《论语译注·宪问篇第十四》第10章。子曰："贫而无怨难，富而无骄易。"

也！一箪饭，一瓢水，身居陋巷，别人难忍穷苦之忧，颜回却能乐在其中。贤哉，回也！①如果仲由、端木赐、冉求算得上'好学'的话，那颜回就可以称得上是'乐学'了。"自此，颜回所住街道即得名为"陋巷"，一直沿用至今。

颜回在跟随孔子归鲁的人生最后岁月里，也和孔子一样，在鲁国内外有着巨大声望。鲁国君臣常常向颜回请教学问，颜回也能给予非常高明的指点。鲁国大夫孟懿子曾向颜回请教道："仁者说出一个字，也必定有益于仁德、智慧的实施，您能说给我听听吗？"这是一个难度很大的问题。深得孔子学说要义的颜回从容不迫地回答："一言而益于智，莫如预；一言而益于仁，莫如恕。明白了不能干什么，也就明白了该干什么。"孟懿子听了，连连点头称赞："您的话既仁且智。您是一名真正的君子啊！"②

亲爱的读者，据专家考证，颜回在协助孔子整理古代典籍闲暇之余，也接受了孔子推荐给自己的门生，给他们讲学，传授儒学六经，扩展儒学的影响，形成了儒家的一个宗派——颜氏之儒。颜回是怎么走到生命尽头的？他的死给孔子带来了怎样巨大的打击？请您继续品读"子哭之恸"这则令人伤感的故事。

---

① 参见《论语译注·雍也篇第六》第11章。子曰："贤哉，回也！一箪食，一瓢饮，在陋巷，人不堪其忧，回也不改其乐。贤哉，回也！"

② 参考《孔子家语通解·卷第五·颜回第十八》。

9　子哭之恸

　　孔子晚年归鲁后，看到世道衰微，邪说暴行，担心后世仁义之道不行，非常忧虑地对弟子们说："我还有一件大事没有做成啊！君子最担忧的就是死后没有留下好的名声。我的主张不能实行，我用什么贡献给后世，留下好的名声呢？"于是，孔子回到鲁国不久，就开始了影响中国几千年为政之道的著作《春秋》的编撰。①

　　辅助孔子编撰《春秋》最主要的弟子有两位，一位是颜回，另一位是子夏。颜回作为孔子最器重的弟子，帮助孔子翻阅各国史书，校勘之前240余年春秋时代公侯更替、政务举措、外交会盟、军事征伐等各方面重要事件的记载文献，以便为孔子提供编撰《春秋》的重要素材。颜回担心别人做事不够细心，几乎承担了搜集历史资料的全部工作。颜回看到孔子拖着年迈身躯，不知

---

　　① 参考《史记·孔子世家第十七》。

疲倦地斟酌思量时，就深切地感受到，孔子要在有生之年完成《春秋》这部扛鼎之作的迫切心情，因此，颜回也不顾自己病弱劳顿，倾力辅佐孔子编撰《春秋》。

公元前481年的深秋季节，气温骤降。颜回因为夜间工作劳顿，感染伤寒，一下子病倒了。他太累了，陪伴孔子编撰《春秋》的三年时间，熬尽了剩余的黑发，也和比他大三十岁的孔子一样满头白发了。他骤然病倒，牵动着孔子的心弦。七十一岁的孔子，带着子路、冉求、子贡、子夏等弟子，前来探望病重的颜回。孔子在颜回父亲颜路的搀扶下，来到颜回躺卧的床前，拉着颜回的手，望着他消瘦的面孔，闪动着满眼的泪花，安慰道："君主聘用就施展治国之道，君主不用就奉行隐身之道。只有你和我，才能达到这样的境界吧！①天佑善人，你会好起来的。"

颜回想努力挣扎着坐起来向孔子行礼，可是他太疲惫、太无力了，只好半躺在床上，望着一众同门，急速喘息着说道："夫子，我曾说过'子在，回何敢死'的肺腑之言，现在看来，我是真的不行了。各位同门，我一生追随夫子，荣幸之至。我抬头仰望夫子，就越加感受到夫子德行的高大；我钻研夫子学问，就越加体会到夫子学问的高深；眼看自己学问有了进步，对照夫子的教诲要求却又落在了后面。夫子善于有步骤地引导我，用各种历史文献来丰富我的学识，又用一定的礼节来约束我的行为，使我

---

① 参见《论语译注·述而篇第七》第11章。子谓颜渊曰："用之则行，舍之则藏，惟我与尔有是夫！"子路曰："子行三军，则谁与？"子曰："暴虎冯河，死而无悔者，吾不与也。必也临事而惧，好谋而成者也。"

想停止学习都不可能。我已经用尽我的才力，似乎能够独立地工作。可想要再向前迈进一步，又不知道怎样着手了。①各位同门，我虽无福气继续追随夫子为学修身，还请大家继续追随夫子光大儒学事业。我的后事，请遵照夫子教导，依礼行事。" 颜回说完，就进入弥留状态，永别了孔子和他的同门。孔子握着颜回逐渐失去体温的手腕，极度悲伤地仰天痛哭起来："唉，我最好学的弟子离我去了！唉，我的学说又能传给谁啊！唉，这样的善人竟也不能长寿！这是老天爷要我的命啊！这是老天爷要我的命啊！"②

子贡看到孔子哭得这样伤心，赶忙劝慰道："夫子，您太伤心了，请节哀保重。"孔子边哭边诉："我真的是太伤心了。我不为颜回这样好学的人伤心，还为什么人伤心呢?"③子贡连忙安排人照顾陷入悲痛的孔子回去休息，接着就和子路、冉求等孔门弟子商量颜回的葬礼事宜。

颜回父亲颜路送孔子回府，不好意思地请求道："夫子，您最喜爱的弟子就是我儿子了。我想把他的丧事办得体面一些。只是我家里的贫穷您是了解的，想卖掉您的车子为颜回置办一副棺

---

① 参见《论语译注·子罕篇第九》第11章。颜渊喟然叹曰："仰之弥高，钻之弥坚。瞻之在前，忽焉在后。夫子循循然善诱人，博我以文，约我以礼，欲罢不能。既竭吾才，如有所立卓尔。虽欲从之，末由也已。"

② 参见《论语译注·先进篇第十一》第9章。颜渊死。子曰："噫！天丧予！天丧予！"

③ 参见《论语译注·先进篇第十一》第10章。颜渊死，子哭之恸。从者曰："子恸矣！"曰："有恸乎? 非夫人之为恸而谁为?"

木外椁（guǒ）。"孔子听了，抑制住悲痛的心情，抱歉地回答："颜路啊，咱俩终生为友，都有儿子。不管他们才能如何，都是自己的儿子。你是知道的，我的儿子孔鲤去年死了，也没有棺木外椁。我不能卖掉车子步行来替颜回买棺木外椁。因为我曾做过大夫，参与朝事是不可以步行的。颜路啊，咱们儒家丧事讲究因财而异，不提倡举债攀比啊！请你回去告诉端木赐，要量力量财而行，不可奢华厚葬。"①

颜路回到家，向正在商办颜回丧事的子贡、子路、冉求等人讲了刚才和孔子交流的情况。子路一听就忍不住喊道："夫子家贫，我们怎能让他卖车呢？咱们弟子情深，对颜回最为佩服。我建议大家凑足费用，为夫子最喜爱的弟子颜回举办一场隆重体面的葬礼，彰显儒家的仁义风采。"冉求赞同道："是该为颜回举办一场隆重体面的葬礼。去年咱们就想为夫子的儿子孔鲤办一场隆重的葬礼，遭到夫子拒绝。现在咱为同门举办隆重葬礼，就不要受夫子约束了吧？"子贡接话道："夫子所说按照儒家之道，根据家庭财力，量力举办葬礼，是我们应该遵守的规则。不过，这几年咱孔门弟子，振兴鲁国政坛贡献突出。我们通过颜回隆重的葬礼，彰显咱们孔门学派影响，我想会得到鲁国君臣支持的。"子贡的决定，得到了同门弟子，特别是颜回门下弟子的一致赞同。

颜回的葬礼，牵动了鲁、卫、齐等国赞同儒家学说主张的

① 参见《论语译注·先进篇第十一》第8章。颜渊死，颜路请子之车以为之椁。子曰："才不才，亦各言其子也。鲤也死，有棺而无椁。吾不徒行以为之椁。以吾从大夫之后，不可徒行也。"

大夫、名人的关注。鲁国上至鲁哀公，下至季康子、孟懿子等大夫，也纷纷派人前来吊唁。卫、齐等国崇尚孔子儒家学说的大夫、学者，也纷纷派使者或家臣前来吊唁。子贡、冉求等人不仅出资为颜回购置了精致的内棺，还为颜回配置了厚重结实的外椁。出殡那天，前来参加葬礼的各路人等足有数百人。孔子看到颜回隆重的葬礼时，已经来不及阻止了。孔子在颜回葬礼之后，更加伤心了，痛苦地说道："颜回啊！你看待我好像看待父亲，我却不能够像对待儿子一般看待你。你超出家庭财力的厚葬安排，不是我的主意呀，是你那班同门干的呀！"^①

　　亲爱的读者，颜回去世后，孔子还一直沉浸在对颜回的追忆中。他经常对来访的鲁国君臣和接受他教化的弟子们谈起颜回。请您继续品读孔子"追忆颜回"的感人故事。

---

① 参见《论语译注·先进篇第十一》第11章。颜渊死，门人欲厚葬之。子曰："不可。"门人厚葬之。子曰："回也视予犹父也，予不得视犹子也。非我也，夫二三子也。"

10 追忆颜回

颜回之死，给孔子的精神世界带来巨大的打击。颜回去世的那一年，孔子常常向来宾和他的弟子追忆评价颜回优秀好学的品质。

鲁哀公向孔子这位受人尊敬的国老请教治民之道来了。鲁哀公问："我作为国君，很想学习治民之道。请问夫子，要做些什么事情才能让百姓信服呢？"孔子恭敬地回答："国君有此爱民之心，仲尼替百姓高兴。请您把正直的官员提拔上来，放在邪曲的官员之上，这样治理国家，百姓就会信服了；若是把邪曲的官员提拔上来，放在正直的官员之上，这样治理国家，百姓就难以信服了。"①鲁哀公继续向孔子请教道："现在夫子的弟子纷纷在鲁国从政，都是可以继续提拔的正直官员啊！我特别想问，您的弟子中，哪个是最好学的？"孔子马上就想到了刚去世的心爱弟子颜回，满怀痛惜地回答："我的弟子中，只有一个叫颜回的可以

---

① 参见《论语译注·为政篇第二》第19章。哀公问曰："何为则民服？"孔子对曰："举直错诸枉，则民服；举枉错诸直，则民不服。"

称得上是好学。他从来不拿别人出气，也不犯同样的过失。让我最心痛的是他不幸短命早死了。我现在的弟子中已经没有颜回这样好学的人了。我再也没听说过称得上好学的人了。"①

季康子来向孔子这位受人尊敬的国老请教民众和睦之道来了。季康子问："我作为鲁国执政大臣，一直想促进鲁国民众的和睦。请问夫子，要使人民严肃认真，尽心尽力且互相劝勉，应该怎么办呢？"孔子虽然对季康子架空鲁哀公独霸鲁国朝政不满，但对季康子想真心治理好鲁国还是比较赞同的，于是指导季康子道："你是执政大臣。你对待人民的事情严肃认真，他们对待你的政令也会严肃认真。你孝顺父母，慈爱幼小，民众就会对你尽心竭力。你提拔正直好人，教育能力弱的人，他们也就会相互劝勉了。"②季康子感谢孔子道："多谢夫子为鲁国培养了许多正直能干的弟子。我想询问，你的所有弟子中，谁是最用功好学的？"孔子还是马上就想到了刚去世的弟子颜回，一脸伤感地回答："在我所有的弟子中，只有一个叫颜回的最是好学，不幸短命死去。现在就再也没有像颜回那样好学的弟子了。"③

子贡带着冉求、子路、子游、子张（颛孙师，字子张）、子

---

① 参见《论语译注·雍也篇第六》第3章。哀公问："弟子孰为好学？"孔子对曰："有颜回者好学，不迁怒，不贰过。不幸短命死矣，今也则亡，未闻好学者也。"

② 参见《论语译注·为政篇第二》第20章。季康子问："使民敬、忠以劝，如之何？"子曰："临之以庄，则敬；孝慈，则忠；举善而教不能，则劝。"

③ 参见《论语译注·先进篇第十一》第7章。季康子问："弟子孰为好学？"孔子对曰："有颜回者好学，不幸短命死矣，今也则亡。"

夏、曾参等弟子来看望孔子，劝慰孔子不要因为痛惜颜回去世损伤了自己的健康。孔子振奋精神，对他们教诲道："现在你们也开始有了自己的弟子。我对你们教导弟子最担忧的是：品德不能得到培养，学问不能常常讲习，听到仁义之道却不能亲身实践，发现缺点不能自觉改正。①想想颜回，才是你们大家学习的榜样，他的心能够做到长久地不离开仁德。你们刚收的那些弟子，只是短时间偶然想起一下罢了。"②

子贡连忙向孔子表态道："我和子路等弟子一定谨记夫子教诲，时时处处学习颜回好学与仁德的品质。夫子，我想向您请教，咱们鲁国每月初一告祭祖庙礼制，国君大夫都不参加，已经是有名无实了。为此每月宰杀一头活羊也挺浪费。我和冉求商量，可否去掉这项仪式，不杀活羊呢？"孔子听了，面色凝重地教导子贡道："赐啊，周公之道，贵在以礼治国。你好像是可惜那只羊，我却舍不得废掉告祭祖庙之礼啊！"③孔子说到这里，想到颜回遇到这样的情况，肯定不会提出这样的废礼建议，便问子贡道："你和颜回，哪一个强些？"子贡听了，心里一惊，知道是自己刚才提出的建议，受到了孔子的反对，便立即避席拱手对答："我怎么敢和颜回相比呢？颜回听到一件事，可以推演知道

---

① 参见《论语译注·述而篇第七》第3章。子曰："德之不修，学之不讲，闻义不能徙，不善不能改，是吾忧也。"

② 参见《论语译注·雍也篇第六》第7章。子曰："回也，其心三月不违仁，其余则日月至焉而已矣。"

③ 参见《论语译注·八佾篇第三》第17章。子贡欲去告朔之饩羊。子曰："赐也！尔爱其羊，我爱其礼。"

十件事；我听到一件事，只能推知两件事。我一定接受夫子您的建议，继续保留告祭祖庙杀羊礼制。"孔子听后，满意地点点头道："赐啊，你是我优秀的弟子。不光你不如他，我和你都不如他，要继续努力啊！"①

孔子对着前来探望他的众弟子，语重心长地教诲道："多谢大家前来劝慰我。我的确是对颜回太难忘怀了。始终愿意听我说话的，大概只有颜回一个人吧！②可惜他不幸早死了。他活着的时候，我只看见他不断地进步，从没有见他停止过。③希望你们要把颜回作为榜样，让你们的弟子永远向他学习。"

亲爱的读者，孔子的所有弟子之中，颜回能够紧随孔圣人，被后世尊为"复圣"，可见颜回道德之高、品格之优、仁爱之至。读罢孔门十哲中颜回成长的系列故事，您的心情是意犹未尽，还是怅然若失？颜回在您心目中，是否是一个守礼好学的孔门优秀弟子？如果我们大家也能像颜回一样不慕虚荣，一心乐学向善，必会学有所成。

---

① 参见《论语译注·公冶长篇第五》第9章。子谓子贡曰："女与回也孰愈？"对曰："赐也何敢望回？回也闻一以知十，赐也闻一以知二。"子曰："弗如也；吾与女弗如也。"

② 参见《论语译注·子罕篇第九》第20章。子曰："语之而不惰者，其回也与！"

③ 参见《论语译注·子罕篇第九》第21章。子谓颜渊，曰："惜乎！吾见其进也，未见其止也。"

孝感人间篇——闵子骞

子曰："孝哉闵子骞！人不间于其父母昆弟之言。"

——《论语译注·先进篇第十一》

待客孔子

11　鞭打芦花

　　说起闵子骞（闵损，字子骞）的家世，也是非常显赫的。他的父亲闵马世居鲁国曲阜，为鲁闵公八世子孙。按当时国君子嗣传承制度，八世之后将别于公族，降为庶民。时逢鲁国三桓弄权，国政日非，闵子骞的父亲为避鲁国乱政，遂举家迁居至宋国相邑之东的萧地安家落户。闵子骞八岁那年，母亲去世，父亲闵马续娶姚氏，陆续为闵子骞生下两个弟弟闵革、闵蒙。

　　公元前521年，闵子骞十五岁。这年的正月初二，闵马带着全家给现任妻子姚氏娘家拜年，正月初三，带着他的三个儿子另去前妻娘家拜年。由于是去前妻娘家拜年，姚氏自然不便前往。闵马是个重情重义的男子，自从前妻病逝后，经常接济前妻的娘家。本来嫌弃闵子骞的后母姚氏就更加痛恨虐待他了。闵子骞自幼秉性醇厚，对弟弟关心友爱，对继母孝敬顺从，从不向父亲说继母对自己的不好。

　　闵马看到三个儿子穿着姚氏年前赶制的新绵（此处指丝绵）

衣，心里特别高兴。他让大儿子闵子骞驾车，自己给坐在车厢里的两个小儿子盖上绵被，逗他们说笑。他没有注意到的是，这天气候迥异于昨日，天阴沉沉的，气温骤降到了滴水成冰的程度。他的大儿子闵子骞赶车出村后，身体就逐渐被冻得瑟瑟发抖，却仍然硬撑着继续为父亲和两个弟弟赶车。北风越刮越紧，寒风更加刺骨，闵子骞坐在车前冻得实在撑不住了，跟父亲说了一声"好冷，我跟老牛跑跑"，就跳下车跟老牛小跑着取暖。此时天空飘下片片鹅毛大雪，一会儿地面就全白了。车上是闵马与两个幼子的欢声笑语，车下是难敌风寒、浑身打战、跟车急行的长子闵子骞。

当车行至萧地西南象山脚下的杜村时，闵子骞已被冻得缩作一团，牛鞭、牛绳不小心从冻僵的手中滑落，牛车失去控制倾倒在山坡浅沟里。闵子骞父亲和两个弟弟被甩出车外，跌倒于山沟雪地上。闵马被这突如其来的变故弄得恼羞成怒，厉声呵斥闵子骞道："大胆竖子，你怎么如此大意？你要摔死为父和弟弟吗？"说着，他拾起地上的牛鞭向闵子骞抽去。也许是闵马太生气了，力气大得惊人，一鞭子下去就把闵子骞的新绵袄抽出了裂缝。呼啸的北风立即卷起闵子骞绵袄裂缝中的飞絮，将其扬入纷纷扬扬的雪花世界。闵马禁不住睁大了眼睛，他突然发现那些从儿子绵袄中飘出的不是绵絮。他立即上前抱住儿子仔细看去，看清楚了——那是根本没有御寒作用的"芦花"。闵马再继续从大儿子的绵袄缝里往外掏，直到掏成单衣，都没找到一丝绵絮。他转身扯开两个小儿子的袄袖，里面全是暖融融的白色绵絮。

目睹这一切，父亲闵马恍然大悟，这分明是后妻虐待前妻之

孝感人间篇——闵子骞

041

子。过去那些闵子骞受姚氏虐待的生活细节，瞬时历历在目。他原以为那是小事，儿子忍忍也就凑合着过下去吧。今天的事情让他忍无可忍了。他抱起快要冻僵的大儿子，放到车厢里面，盖上刚才还在两个小儿子身上的绵被，怀着悲愤交织的心情，立即驱车返回了家中。后妻姚氏一见匆匆返回的丈夫和冻坏在车厢里的闵子骞，好像明白了几分，再听两个小儿子的叙述，顿时吓得面如土色。闵马回家对姚氏横眉冷对，一言不发，立即叫来十几位近邻好友作证，匆匆写下一纸休书，向大家表明了要将姚氏赶出家门的决心。

此时想赎罪的姚氏刚给闵子骞喝下自己熬好的一碗姜汤，闵子骞神志变得清醒一些了。闵子骞看到父亲的举动，扑通一声跪倒在父亲面前恳求说："父亲切莫为儿担忧，为了我两个幼小的弟弟，请您收回休妻成命。纵使'母在一子寒'，也胜'母去三子单'啊！"邻居们听了闵子骞的话，情不自禁地夸赞他孝心可嘉，纷纷劝闵马收回成命。后母见此情景，悔恨莫及，扑通跪在丈夫面前，请求给她改错赎罪的机会。闵马也被儿子闵子骞的孝心感动了，再看看后妻姚氏的羞愧面孔，才慢慢改变了主意。于是请大家共同监督姚氏，给她改过自新的机会。从此，闵子骞后母姚氏去恶向善，把闵子骞当作亲儿子一样爱护备至，一家人过上了幸福美满的生活。

亲爱的读者，后人为了纪念闵子骞的感人孝行，将"鞭打芦花"的发生地——"杜村"改名为"鞭打芦花车牛返村"（简称"车牛返村"）。这个名字已沿袭多年，是全国最长的村庄地名，有"中国最美地名"美誉。闵子骞随后的人生发生了什么变化，他是如何拜孔子为师的？请您继续品读闵子骞"虔诚拜师"孔子的故事。

12　虔诚拜师

　　转过年来，闵子骞已经成长为十六岁的少年郎了。他听说三十一岁的孔子受到鲁国国君支持开办私学的消息，就向父亲提出了前往拜师学习的想法。闵马在鲁国时就知道孔子这个好学上进的青年人，也一直关注着名声日隆的孔子，听到儿子的想法，加上妻子的支持，他非常高兴，提前为儿子举行了弱冠礼，取字为"子骞"，同意了儿子到鲁国拜师孔子的想法。

　　闵马看着家徒四壁的窘况，不好意思地对儿子说："咱家贫寒，无法给你凑齐拜师束脩啊！"闵子骞动情地说："父亲勿忧，心诚则灵。我想用跟您学到的酿酒本领，为夫子酿制一缸佳酿聊表心意。"于是，父子两人用家中不多的粮食很快酿制出了一缸佳酿。此时，闵子骞的后母姚氏毫不犹豫地变卖了婚嫁时丈夫赠给自己的首饰，为闵子骞凑齐了前往鲁国拜师孔子的路费。不几天的工夫，闵马就带着闵子骞回到自己的故乡鲁国国都曲阜，来到了孔子宅院门前。正好看到有位青年人刚刚走出孔子家门，他忙上前说明来意。这位青年人就是孔子的首批弟子之一颜路，他刚刚生下儿子颜回，正为此事向老师孔子报喜呢。

颜路听明闵马父子的来意，热情地把他们二人迎进孔子院内。闵马看到孔子院落的土筑房屋虽然低矮简陋，地面却打扫得干干净净，几棵高大的柳树和结着青果的银杏树为这寒碜的院落增添了勃勃生机。这时，子路和颜路迅速为闵子骞安排了拜师仪式。孔子端坐在那株银杏树下，双眼透露出睿智的光芒。闵马上前深施一礼："鄙人闵马本是鲁国曲阜人士，八年前迁至宋国相邑。我儿闵损对您的学识名声非常倾慕，渴望拜您为师，只是家境贫穷，无资奉献束脩，就以佳酿代束脩前来拜师，还望夫子不要怪罪。"孔子热情回答："闵公您过谦了。我也听闻您的贤能名声，您又年长于我，能把令郎交我为学，是孔丘之幸啊。佳酿就是您父子的美意，我非常喜欢。我已听闻闵公您'鞭打芦花'、闵损'劝父留母'的孝行佳话，非常感动，特别符合我的孝心生仁学说啊！闵子骞是真正的孝子！乡邻对于他爹娘兄弟称赞他的言语，都没有任何的异议。"[①]

亲爱的读者，读完闵子骞"虔诚拜师"孔子的成长故事，您一定还想了解闵子骞在孔门求学的情况吧？请您继续品读闵子骞被孔子立为弟子学长的故事。

---

① 参见《论语译注·先进篇第十一》第5章。子曰："孝哉闵子骞！人不间于其父母昆弟之言。"

13　尊为学长

　　天性敦厚善良的闵子骞拜孔子为师后，就开始了在孔子门下刻苦求学的生涯。只是，闵子骞很快受到了几位富家弟子的排挤。他们看到闵子骞衣着寒酸、木讷寡言，就有些瞧不起他，耻笑闵子骞道："曹溪之水，怎能抵得上干肉束脩？没钱还有什么资格来孔门求学问？这是癞蛤蟆想吃天鹅肉吧！"闵子骞听后，心里特别难受。但他生性仁厚，并没有当众反驳，而是牢记自己拜师孔门的心愿，就是向夫子学习周公之道、人伦之理，以便造福天下百姓苍生。

　　这话正好被刚走进屋门要给弟子讲学的孔子听到了，心里很为闵子骞打抱不平。于是在当天的讲学中，特别向弟子们强调道："发财做官，是人人所盼望的；不用正当的方式获得，君子是不为的。穷困和下贱是人人所厌恶的，不用正当的方式抛弃，也是君子所不齿的。君子抛弃了仁德，怎么能成就名声呢？君子就连一餐饭的时间也不能离开仁德，无论仓促之时或是颠沛流离，都要和仁德同在。^①今有闵子骞千里求学献佳酿，精神可嘉，虽是曹溪一滴，却远胜束脩百条。"

孔子说到这里，感觉还没有完全表达出自己的教育理念，接着又对弟子们教诲道："闵损不仅孝道美德令人赞叹，而且对《诗》《书》《礼》《乐》也颇精通。自今日起我建议举荐他和仲由为大家的学长。仲由啊，你和闵损一样，都是以孝道美名远扬的好少年。你觉得为师的这个倡议怎么样？"

子路自然是坚决维护老师孔子的，其他孔门弟子也纷纷同意孔子的提议。从此，孔门弟子的学风更加富有孝悌忠信的特色了。

亲爱的读者，读了这则故事，您一定感受到孔子育人的根本了吧？那就是孝道仁德为先。那么，闵子骞是怎样听从孔子教诲为政的呢？请您继续品读闵子骞受孔子托付"为费（bì）邑宰"的故事。

① 参见《论语译注·里仁篇第四》第5章。子曰："富与贵，是人之所欲也；不以其道得之，不处也。贫与贱，是人之所恶也；不以其道得之，不去也。君子去仁，恶乎成名？君子无终食之间违仁，造次必于是，颠沛必于是。"

14 为费邑宰

孔子五十岁那年，鲁定公和执政大臣季桓子聘他出仕为政。孔子不但治理鲁国政绩卓著，并且辅佐鲁定公取得了与齐景公在夹谷之会的外交胜利。齐景公退还了以前侵占鲁国的城池郓、谨（huān）和龟阴（这三个地方都在山东汶水南面）。

孔子在夹谷之会的出色表现，迅速提升了他在鲁国内外的声望，得以推行他"隳（huī）三都、弱三桓、强公室"的政治主张。所谓"三桓"，就是指春秋时期鲁国的三卿孟孙氏、叔孙氏、季孙氏，他们都出自鲁桓公血脉，故称"三桓"。那个时期，鲁国三桓把持朝政，对封地城墙修建大大超出礼制规定标准，对国君形成威胁，孔子所以要"隳三都"，就是把超过标准的城墙拆除。孔子希望通过"隳三都"措施，削弱三桓朝臣的势力，从而增强国君权威，也就是让鲁国公室强大起来。孔子协助鲁定公和季桓子平定费（bì）邑公山不狃叛乱后，成功拆除了费邑超出礼制标准的高大城墙，实现了"隳三都"的初步胜利。接下来让谁去治理费邑，就成了季桓子马上要解决的问题。

有一天，季桓子前来登门拜访孔子，请教鲁国要扩建新库房的事情，正巧碰上闵子骞陪侍孔子。孔子心里虽然不同意新建，可不好意思直接表示反对。他素知闵子骞崇尚节俭，于是转而让闵子骞发表意见。闵子骞直抒胸臆，建议道："咱们鲁国原来的库房就很好，为什么再劳民伤财去翻新扩建？"孔子接过闵子骞的话说："我的这个弟子闵损，平日不大开口，一开口就能说到点子上。我同意闵损的想法。新修国库，耗费资材甚巨，会大大增加百姓负担。我赞同把旧国库修缮，继续使用，照样发挥储存公物的作用。"①孔子和闵子骞共同改变了季桓子的想法，为鲁国节省了一大笔财政开支。

闵子骞这次陪侍孔子接待季桓子，给季桓子留下了良好印象。他回到府邸，想起孔子近期推荐子路、冉耕（冉耕，字伯牛）等弟子陆续在鲁国政坛出仕，促进了国家政务的有效治理，面对公山不狃犯上作乱在费邑造成的混乱，他感觉必须找一位忠信孝悌兼具的名士前往治理，方可见效。他突然想到，闵子骞就是治理费邑的最合适人选，于是立即签发了闵子骞"为费邑宰"的任命书派使者送达。季桓子满以为闵子骞会欣然从命，并对他感恩戴德的，结果他派出的使者很快被打发回来，报告了闵子骞的回复："请好好向大人汇报，替我辞掉这份差使吧！若是再来

---

① 参见《论语译注·先进篇第十一》第14章。鲁人为长府。闵子骞曰："仍旧贯，如之何？何必改作？"子曰："夫人不言，言必有中。"

找我的话，那我只好逃到汶水之北的齐国去了。"①季桓子还没碰到过这种拒绝做官的人。可是，季桓子心里非常明白，费邑这个地方动乱刚刚平定，闵子骞是治理费邑的最佳人选。无奈之下，他只好请孔子出面去做闵子骞的工作。

面对孔子亲自出面邀请自己去任费邑宰，闵子骞真诚地向孔子吐露了自己的心声："夫子，您教诲弟子忠信孝悌，忠君爱国，我是牢记在心的。季氏把持朝政，要挟鲁君，违背忠信，我身为您的弟子，理应率先垂范，怎能与之同流合污呢？"孔子教诲道："损，鲁国虽然三桓把持朝政，季桓子独断专行，可毕竟是你我的母国啊！我们都希望鲁国强大起来。只有这样，国君说话才会更有分量。所以，请你为费邑宰，也是帮助我实现治国理政的理想啊！"闵子骞听从了孔子的劝说，决心不辜负孔子的期望，一定要以德理政，以礼化民，教化出费邑孝悌忠信的淳朴民风，干出一番政绩来。于是，他接受了费邑宰的任命，勤勉节俭，"敬事而信，节用而爱人"，②实施孔子倡导的德礼仁政。

据说闵子骞在费邑行仁政，施德治，兴修水利，灌溉农田，不出两年，费邑就发生了很大的变化，不仅形成了尊老爱幼的社会风尚，而且第二年就获得了粮食大丰收。闵子骞想，终于可以让费邑的老百姓过上能吃饱饭的日子了。可是还没等费邑农田收

---

① 参见《论语译注·雍也篇第六》第9章。季氏使闵子骞为费宰。闵子骞曰："善为我辞焉！如有复我者，则吾必在汶上矣。"

② 参见《论语译注·学而篇第一》第5章。子曰："道千乘之国，敬事而信，节用而爱人，使民以时。"

完粮食，季桓子的家臣便赶来催缴粮税。闵子骞告诉季氏家臣：
"费邑是鲁君的国土，请告诉君上，等费邑粮食收完，我会亲自
押粮送交国库的。"季氏家臣听了，不屑地摆摆手，说："费邑是
咱长官季氏的私邑，官粮直接交给季氏大人就行啦。"闵子骞是
个实在人，不由地质问道："我生在鲁国，跟随夫子学在鲁国，
如今又为费邑宰。我只知道费邑是属于国君的，不知道费邑是
属于臣子的。"季氏家臣不耐烦地说道："现在咱们国君是弟承兄
位，而非父死子承，这也是不合理的。这都是由于季孙氏和孟孙
氏、叔孙氏三桓大臣拥戴他的结果。如今鲁国执政大权掌握在季
氏手中，这费邑就应该是季氏的。"

　　闵子骞听了，憋了一肚子气。心想自己全心全意治理费邑，
原以为是替国家出力，没想到干来干去竟是为权臣卖命，于是决定
辞去官职。他在辞呈中假说双亲年高体弱，痨病缠身，要归家侍奉
父母，以尽孝道。因忠孝不能两全，所以他只好辞去费邑宰。鲁君
闻知，连忙派人劝阻，但闵子骞主意已定，坚辞官职。不待鲁君批
准，他就匆匆离任，隐居到汶水之滨，从此再也没有出仕为官。

　　亲爱的读者，闵子骞辞官后，居家生活的情况是怎样的呢？
请您继续品读闵子骞"待客孔子"的传奇故事。

15 待客孔子

关于闵子骞，还有这样一个有趣的传说。闵子骞辞官后，日子过得十分清苦，却能安贫乐道，好学不倦。过了不长时间，孔子和他的弟子，也是他的女婿公冶长，正好路过闵子骞辞官后居住的闵家寨。孔子很惦念闵子骞，就带着公冶长前来做客，看一下弟子闵子骞的生活境况。

闵子骞看到孔子亲自登门做客，心情非常激动，赶紧和妻子张罗着做饭招待。妻子问闵子骞说："咱家现在清贫，拿什么好菜招待你最敬佩的夫子呢？"闵子骞挠了挠头，听到家里的鹅叫声，一跺脚回答："咱家还有两只鹅，杀掉一只招待夫子和公冶长吧。"当闵子骞看到妻子绑了那只小鹅时，皱着眉头建议说："虽说大鹅能下蛋，可是小鹅肉太少。还是杀掉那只大鹅待客吧。"于是妻子又把那只大鹅绑起来。这一下可热闹了，两只被捆绑的鹅叫个不停。

孔子坐在堂屋里，看到闵子骞家徒四壁，心里有点伤感，忽然听到两只鹅的叫声不停，赶紧让公冶长出去看看是怎么回事。公冶长出去一会儿，就带着闵子骞夫妇走进来，孔子看到他们夫妇俩每人手里提着一只鹅。

公冶长向孔子汇报说："夫子，您知道我是通鸟语的。我了解到这是一对母子鹅。它们听说主人要杀鹅招待夫子，都很乐意。小鹅看到要杀自己待客，就对大鹅说'儿死母亲别伤感，保重身体把家看'。大鹅知道要杀自己待客，就对小鹅说'母死儿子别难过，看好东家小院落。白天要防黄鼠狼，夜里小心花狐狸，没娘的孩子要自强'。我听到这些心中忧伤，请夫子定主张。"

闵子骞激动地说："夫子待我恩重如山，以鹅待客是应当的。"

孔子听罢公冶长和闵子骞的话，坚决地说道："多谢闵损待客之情，我十分动容。人间讲仁孝，道理是一样的。你们夫妻别杀鹅，粗茶淡饭即可。"

闵子骞和他妻子听罢，只好放开他们手中的两只鹅。孔子惊奇地看到两只鹅摇摇摆摆走过来，"鹅鹅鹅"地朝他施礼。公冶长翻译道："鹅说'多谢夫子不杀恩，看家下蛋谢主人'。"

孔子慈心大发，连忙让公冶长教导两只鹅道："鹅界也要行慈悲，下河不要伤鱼虾。头上安个红疙瘩，青菜萝卜也能活。"

孔子在闵子骞家中做客，看到闵子骞辞去费邑宰职务后，心地坦然，读书为学，乐在其中，也就默认了这位弟子的志向选择。

亲爱的读者，闵子骞后来又有哪些成长经历呢？请您继续品读闵子骞"追随孔子"周游列国、听琴辨音的成长故事。

16 追随孔子

闵子骞辞去费邑宰一年后，鲁国权臣季桓子痛恨孔子"隳三都"对自己权力的削弱威胁，便借齐国离间孔子和国君的阴谋，撺掇鲁定公接受齐国送来的美女宝马，打压排挤孔子。

孔子知道，自从上次陪同鲁定公和齐景公夹谷之会取得胜利以来，齐景公虽然表面上认同孔子的礼仪主张，归还了侵占鲁国的城池，但在权臣谋划下，齐国一直在策划把孔子从鲁国政坛排挤下来的阴谋。孔子极度失望之下，愤然辞职，率领弟子离开鲁国寻找明君，开始了长达十四年颠沛流离的周游列国生活。《论语》是这样记载孔子离开鲁国原因的：齐国送了许多歌姬舞女给鲁国，季桓子接受了，三天不问政事，孔子就离职走了。①

闵子骞得知孔子周游列国的消息，立即加入追随孔子的行列。即使在孔子困于陈、蔡的危难时期，闵子骞对孔子的追随护

---

① 参见《论语译注·微子篇第十八》第4章。齐人归女乐，季桓子受之，三日不朝，孔子行。

卫之心，也没有半点动摇。如果将时光拉回到两千五百年前的中原大地上，我们就可以看到孔子和他的弟子们周游列国、长途跋涉在路上的温馨场景：闵子骞站立在孔子身旁，恭敬而正直的样子；子路很刚强的样子；冉求、子贡温和而快乐的样子。①

据传孔子周游列国归鲁后，五十多岁的闵子骞也一直追随在孔子身边，研习孔子的儒学之道。有一天，孔子在屋里休息的时候弹琴，闵子骞正好路过，听着孔子弹琴的声音和往日有明显不同。于是闵子骞找到曾参说："今天夫子的琴声不似往日和谐，变得低沉。琴声低沉是因为有贪欲之念，要有所施为。咱俩一起去问问原因吧。"

于是，闵子骞跟着曾参进入孔子的居室，由曾参向孔子提出了刚才的疑问。孔子听了惊讶地说："是啊，你说得很对，我确实有这种感受。刚才我看见一只猫正在捕捉一只老鼠，想让猫捉住老鼠，所以才会弹奏出幽沉之音。你们两人中是谁听出来的？"曾参不假思索地回答："是闵子骞。"孔子用欣赏的眼光看着闵子骞说道："善哉，闵损！你可以与我一起欣赏音乐了。"②

亲爱的读者，孔子去世后闵子骞的结局如何呢？专家对闵子骞生卒年份和埋葬地点存在不少争议，请您继续品读闵子骞"葬于高元"的故事。

---

① 参见《论语译注·先进篇第十一》第13章。闵子侍侧，訚訚如也；子路，行行如也；冉有、子贡，侃侃如也。子乐。"若由也，不得其死然。"
② 参考《孔丛子·卷一·记义第三》。

17 葬于高元

据传孔子去世后，闵子骞为其守墓三年。之后，闵子骞为避战乱，从鲁国曲阜迁至楚国棠邑。当时同来的还有孔门七十二贤中的樊迟和宓（fú）子贱。闵子骞定居的地方，与樊迟和宓子贱的住处相距不到五里，故有"五里三贤"的美称。

历史上对闵子骞生卒年份有两种说法：一种是公元前536—前487年，一种是公元前536—前447年。前一种说法意味着闵子骞五十岁去世，也就是说死于孔子之前。《论语》《孔子家语》中对先于孔子去世的冉耕、颜回和子路都有明确的记载，闵子骞位列孔门十哲，如果死于孔子之前，肯定会有体现的。因此，此说不足信。后一种说法依据充分，一是据闵氏族人口碑，闵子骞曾为孔子守墓三年；二是《济宁直隶州志·卷八·人物志·闵子世家》载，闵子骞于鲁悼公十九年（即公元前447年）冬十月卒，终年虚岁九十。

至于闵子骞死后的墓址，说法纷纭。《闵子世家》记载：河南的范县以及安徽的宿州等地都有闵子骞墓，并特别写明山东的闵子骞墓位于齐州历城东五里，即现在济南洪楼一带。这和闵子骞葬于高元的传说高度吻合。

闵子骞的儿子闵沃盈，眼看父亲病危，就询问父亲道："您德高望重，对于仙逝之后的安葬处所，请明示孩儿。"病重中的闵子骞嘱咐儿子："我死后，你就带着家人，将我的棺椁抬到一个叫'高元'的地方，下葬就行。"闵子骞死后，闵沃盈就按照父亲的嘱咐，和家人一起，抬着父亲的棺椁，寻找叫"高元"的地方。

当来到济南柳家店时，天近黄昏，大伙又累又饿，于是便把棺椁放下，在柳家店住下了。这天夜里，狂风大作，飞沙走石，一直刮到第二天清晨。闵沃盈出门时发现，放棺椁的地方堆起了一个高大的土丘，土丘是昨晚刮旋风时留下来的。再一打听，原来存放父亲棺椁的地方就叫"高元"。闵沃盈认为这就是父亲说的穴地，于是祭拜一番后，便带着家人回去了。

据专家学者考证，"高元"即为今济南洪楼一带，位于闵子骞路百花公园西侧的崇孝苑（亦称"闵子祠"），内有闵子骞墓，为宋熙宁七年济南太守李肃之所建。祠内有碑，刻有苏辙撰写、其兄苏轼手书的《齐州闵子祠堂记》五百余字，并有御题闵子祠匾额"躬行至孝"。

亲爱的读者，孔门十哲中，闵子骞以至孝德行位列孔门十哲第二位。他是"孝悌也者，其为仁之本"①的典型文化先贤，一生不慕官场虚荣，始终崇尚节俭。读罢闵子骞的故事，您对他"母在一子单，母去三子寒"的孝心表白，做何评价？您对他"仍旧贯，如之何"②的修建长府建议，是否由衷赞许？相信大家只要把闵子骞这种孝心生仁、崇尚节俭的美德贯彻到自己的生活工作中，就一定会成为一个道德高尚的现代君子。

---

① 参见《论语译注·学而篇第一》第2章。有子曰："其为人也孝弟，而好犯上者，鲜矣；不好犯上，而好作乱者，未之有也。君子务本，本立而道生。孝弟也者，其为仁之本与？"

② 参见《论语译注·先进篇第十一》第14章。鲁人为长府。闵子骞曰："仍旧贯，如之何？何必改作？"子曰："夫人不言，言必有中。"

端庄贤德篇——冉耕

以德行著名。有恶疾，孔子曰："命也夫！"

——《孔子家语通解·卷第九·七十二弟子解第三十八》

伯牛有疾

18　冉离成家

　　孔门十哲"三冉"分别是冉耕、冉雍（冉雍，字仲弓）、冉求，根据汉代陆贾《冉氏源流考》载："冉子乃少昊之裔，周文王之后，传至周文王第十子季载，封于聃地，始得'冉'姓。后传至山东曹国振铎后代冉离。"有《冉氏族谱》称：冉离娶颜氏，生长子耕、次子雍。颜氏死，又娶公西氏，生求。后公西氏闻孔子设教阙里，命三子往从学焉。孔门十哲冉耕的故事，就依据上述史料展开。

　　公元前536年，已是春秋末年。在陶邑的冉地，有位叫冉离的村民，正在迎娶新婚妻子颜氏。只见村落中一处简陋的小院内，几间土屋，三面栅栏，院落里栽种着三棵梧桐树，在秋日的阳光里，长得非常茂盛。院门和屋门上系着红绳，显示着一派置办喜事的气氛。乡亲们进进出出，正在为新郎迎娶新娘忙碌着。

　　冉离居住的冉地，冉姓居民过半，他们世代居住在这里，祖辈都以牧牛耕田为生，人称"犁牛氏"。不过，据考究，冉离这一氏族可是有王室血脉的，是周文王第十子季载的后世子孙。周武王灭纣统一天下分封时，当年季载年幼，没有分封土地。后来周武王儿子周成王继位后，周公辅佐成王主持朝政，发生了反对周公的管蔡之乱。周公的两位兄弟管叔和蔡叔怀疑周公要篡位，伙同他们负责监视的商地武庚作乱叛国。此时季载已经成年，参与平叛立下战功，被分封在聃国。后来聃国公主嫁至曹国，其后代获封鲁国陶邑，就取"聃"字右部"冉"为姓氏，所居村落也名为冉地。到冉离这一代，已是季载第十四世子孙了。

冉离这个年轻人，既有优点，也有缺点。他的优点是为人正直讲诚信，放牧勤劳不怕苦；缺点是为人倔强心眼小，吝啬计较朋友少。这不，他已经年过三十，总算成家了。他迎娶的这位颜氏，据说还是孔子母亲颜徵在的同族，接受过孔子外祖父颜襄的乡学熏陶，乡里的人都称赞她贤淑。颜襄是当时一位博古通今的大学者，对君子培育有三大明确的教育原则：一是年少要勤学，否则年长一无所能；二是年老不育人，则死后无人纪念；三是有财富不布施，则穷后无人救助。他的君子教育学说对少年孔子成长及周边乡学，都产生了积极而广泛的影响。冉离也是钦慕颜氏的贤淑名声，所以托人前去提亲，决心与颜氏成家后，改正往日的吝啬小气，兴旺冉氏家业。

亲爱的读者，冉离成家后的生活发生了什么变化？请您继续品读"耕雍好学"的成长故事。

19　耕雍好学

冉离成家后，家中日子越过越好。他不仅放牧的牛羊肥壮无病，家庭子嗣也开始兴旺。婚后第二年，颜氏为他生下长子冉耕。又过了四年，公元前531年，喜得次子冉雍。不过颜氏由于生冉雍染疾，在冉耕7岁那年去世了。冉离这些年由颜氏帮助操持家业，与村邻关系好了许多。颜氏去世，村民都来对冉离表示慰问，表达痛惜哀悼之情。冉离因给颜氏治病耗费了不少家产，家境又变得贫寒起来。小小年纪的冉耕就担当起了照顾弟弟冉雍、协助父亲看家的重任。

公元前524年，冉离在热心族人帮助下，迎娶了他的第二任妻子公西氏。说起这位公西氏，也生活于好学《诗》《书》的士子之家，据说孔子后来有名的弟子公西华（公西赤，字子华，又称公西华），就是她的同族。公西华拜孔子为师，就是公西氏之子冉求引荐的，这是题外话。这位公西氏不仅品性如颜氏一样贤淑，而且在娘家就跟随兄长习诵过《诗》里面的不少篇章，知书达理。冉离勤劳放牧的干劲不减反增。一年后，公西氏就有了身孕。冉离高兴地感谢公西氏道："幸赖冉家祖先积德深厚，才使我冉离又娶了一位贤惠妻子。如今你有了身孕，看来咱冉氏真要兴旺起来了。"

公西氏自进冉离之家，就感受到丈夫前妻的两个儿子不仅品德敦厚，而且聪明好学，自己在娘家习诵的部分诗篇，两个孩子仅用一年的时间，就都学会了。她不想两个孩子以及自己腹中的胎儿，将来还像他们的父亲一样终身放牧耕田，而是希望他们学习文化，光耀冉氏门楣。于是她劝丈夫冉离道："多亏夫君辛劳，耕儿和雍儿懂事，咱家日子越过越好了。可是，如果耕儿和雍儿还是只跟着您放牧耕田，就可惜了这两个孩子好学的品质。我嫁入您家一年，两个孩子就把我在娘家习诵的几十首诗都会背诵且会运用了，所以我觉得应该送两个孩子入陶邑学馆学习文化。"

亲爱的读者，冉耕和冉雍小兄弟俩，究竟有没有得到父亲允许，进入陶邑学馆继续受教育呢？请您继续品读冉耕入读学堂的成长故事。

20 耕读世家

冉离听完公西氏希望孩子读书的要求，看着十二岁的冉耕和八岁的冉雍投向自己的乞求目光，回忆起两个儿子因学《诗》懂礼受到村民称赞的情景，真是喜在心头。可是想想如果两个儿子都去上学，不仅家里开销增加不少，还少了牧牛耕田的帮手，他心里着实拿不定主意。

冉耕看透了父亲的心思，就为父亲宽心道："父亲，您是担心我和弟弟上学不光要有学费开支，还少了帮您耕田牧牛的帮手吧？我和雍弟商量好了，我们俩半耕半读，轮流去学馆学习。这样不仅学费减半，还能给您提供一个人的帮手。您看如何？"其实，这个办法是公西氏提前给冉耕出的主意。公西氏听到这里，赶紧趁热打铁道："当家的，您看这两个孩子多懂事啊！我已经跟学馆老师说好，他看咱家两个儿子聪明好学，已经答应他们兄弟俩轮流上学，只收一份学费。您就快点答应吧！"冉离听到这里，眉开眼笑地说："好。我答应耕儿和雍儿上学的要求了。等到你母亲再给你俩生下弟弟，也让他去学馆求学。"

公西氏嫁入冉家的第三个年头也就是公元前522年，生下了自己的儿子，取名为"求"。从此冉离和公西氏带着几个孩子过起了耕读相伴的农家生活。

冉耕和冉雍进到陶邑学馆，跟随学馆的颜夫子学习识字和读文，刻苦勤奋。他们虽然每人只上半天学馆，可是对颜夫子教的内容，却学得最为熟练扎实，很快成为学馆其他弟子学习的榜样。冉耕不仅对《诗》有了更多的扩展学习，而且开始学习《书》的部分篇章了。几年后，颜夫子看到冉耕和冉雍都已学尽自己的学问，便向公西氏提议，推荐两个孩子去孔子新开不久的学馆进一步深造。

亲爱的读者，据说陶邑宰听说公西氏劝夫教子读书的佳话，了解到冉耕和冉雍兄弟在学馆的优秀表现后，为冉离题写了"耕读世家"的匾额，挂在了冉离家的大门上。冉耕和冉雍兄弟俩能够成为孔子的弟子吗？请您继续品读"耕入孔门"求教于孔子的故事。

21　耕入孔门

　　光阴荏苒，日月如梭。转眼冉耕二十岁、冉雍十六岁、冉求七岁了。他们兄弟三人不仅学问日丰，而且言谈举止也获得乡里长辈越来越多的赞许。

　　陶邑学馆颜夫子的建议，正合了公西氏此时的心意。原来，此时的公西氏也听到了孔子的美名，了解到孔子自赴周向老子学礼后，声誉日隆。鲁昭公被执政大臣季平子驱逐到齐国后，孔子也来到齐国，受到了齐景公的赏识。只是由于齐景公手下近臣妒忌孔子才能，孔子得不到重用，只好又回到鲁国继续开办学馆。

　　于是，公西氏赶紧与年已五旬的丈夫冉离商量，要让两个大儿子到国都曲阜拜孔子为师，希望两个孩子有更大的作为。现在冉离家境已经比较殷实了，就叫来三个儿子一块商量此事。没想到，不仅冉耕和冉雍非常欣喜赞同，七岁的小弟弟冉求也仰慕孔子名声，非要前往拜谒。于是就出现了冉氏三兄弟同拜孔子为师的动人场面。

孔子在三兄弟拜师礼中，向冉耕提出了"何为礼"的问题。冉耕回禀道："所谓礼，就是要自我谦卑而尊重别人。富贵的人知书好礼，就不会骄奢淫逸；贫贱的人知礼好礼，就不会怯懦困惑。"①孔子听后赞道："贫而乐道，则会保持淳朴本性；富而好礼，则会认同仁义之道。孺子可教。"

冉耕恭敬地对孔子深施一礼，请教道："多谢夫子将我收入门下。冉耕作为您的弟子，想请教如何做一名广受人们认可的君子。"孔子思索片刻，教诲冉耕道："君子之德莫过恕。见闻广博，记忆力强，还乐于谦让；勉励为善，还不松懈自己。你能做到这些，人们就认可你是一名君子了。"②冉耕听罢，恍然大悟，深施一礼谢孔子道："耕虽迟钝，也一定遵从夫子教导，早日成为一名正人君子。"

亲爱的读者，冉耕在孔子教诲下，会取得什么进步呢？请您继续品读冉耕受教孔门"德让良田"的故事。

---

①② 参考《礼记·曲礼上第一》。

22　德让良田

　　冉耕在跟随孔子学习的过程中，非常喜欢孔子讲授的《诗》的篇章。由于他名为"耕"，所以特别喜欢《豳风·七月》这首叙述西周农民一年到头从事耕田劳作的叙事诗。

　　　　　　七月流火，

　　　　　　九月授衣。

　　　　一之日觱发（bì bō），

　　　　　　二之日栗烈。

　　　　　　无衣无褐，

　　　　　　何以卒岁。

　　　　三之日于耜（sì），

　　　　　　四之日举趾。

　　　　　　同我妇子，

　　　　　　馌（yè）彼南亩，

　　　　　　田畯至喜。

他诵读完《七月》这一节后，为同门娓娓解释道："每年七月，火星西落；每年九月，要做衣裳。十一月的天气，吹来寒冷的北风；十二月的天气，已是寒风刺骨。农人连天热短衣都没有，忧愁怎么度过寒冬。正月的时候，要把农具修好；二月的时候，农人就忙于下田干活，全家老少都忙碌，把饭带到田地边，巡视的农官看到了，感觉丰收在望，喜气洋洋。"他进一步发挥道："国家兴亡，根在耕种。风调雨顺，百姓方能丰衣足食。管子所言'仓廪实而知礼节，衣食足而知荣辱'，是治国的根本。"

孔子非常赞同冉耕的观点，教导弟子们："冉耕强调农业耕种对国家的根本作用，我十分赞同。若耕种为根，则仁德为本。就是你们每个村落居住的地方，也要有仁德才好。选择住处没有仁德，怎么算得上明智呢？"[①]

冉耕所在的村庄耕田，有一个三年轮种抓阄的乡规。冉耕跟孔子学习的这一年，正好赶上村里轮种抓阄。抓到村东最贫瘠地块的那户人家要赖，死活不同意，弄得大伙春耕无法进行。

冉耕就和弟弟冉雍一起向父亲建议，拿自家抓到的好田与那家换种。冉离一听就火了，坚决不同意。于是冉耕就把从孔子那里听来的"舜耕历下"的美德故事，讲给全家人听。

说古代有一位叫舜的圣人，他劳作过的地方，都能兴起互相帮助的风尚。舜在历山耕作，历山人就学会谦让地界；舜在雷泽捕鱼，雷泽人就学会谦让捕鱼的位置；舜在黄河边制作陶器，就

---

① 参见《论语译注·里仁篇第四》第1章。子曰："里仁为美。择不处仁，焉得知？"

没有粗制滥造的人了。[①]

冉耕恳请父亲带领家人发扬大舜的美德，做"里仁为美"的先行者。在冉耕兄弟和公西氏的反复劝说下，冉离终于被说动了，答应了冉耕的请求，解决了乡亲们遇到的耕种换田这个难题。

亲爱的读者，冉耕一家"德让良田"的佳话，在当地乡邑传扬开来。当得知这是孔子的教育成果时，乡亲们对孔门弟子更加佩服起来，前往曲阜拜师孔子的弟子越来越多了。请您继续品读"伯牛有疾"的故事。

① 参考《史记·五帝本纪第一》。

23 伯牛有疾

冉耕与子路、闵子骞、漆雕开等，都属于年龄较大的孔门弟子，他们在辅佐孔子的政教生涯中，起到了重要的作用。子路，精通军政，孔子最喜爱；闵子骞孝行天下，孔子最赞赏；漆雕开学不乐仕，孔子最欣赏；冉耕端庄贤德，孔子最器重。冉耕追随孔子十五载，勤学礼乐不辍，深受孔子赏识。当孔子五十二岁在鲁国由中都宰升任司空时，就向鲁定公推荐三十六岁的冉耕接替自己的中都宰职务。冉耕为政一年，贯彻孔子"道之以德、齐之以礼"[①]的为政之道，中都宰的治理，得到了更广泛的称赞。

不幸的是，冉耕染上了当时为不治之症的传染性恶疾，数月之间，已是病入膏肓。孔子闻讯，十分痛心，身为司寇之尊，亲临冉耕住处探望。冉耕担心传染，拒绝了孔子入室见面的提议，隔着窗户与孔子握着手，痛哭道："我不是痛惜自己短命早死，

---

① 参见《论语译注·为政篇第二》第3章。子曰："道之以政，齐之以刑，民免而无耻；道之以德，齐之以礼，有耻且格。"

而是痛惜不能继续聆听夫子的教诲啊！恳请夫子继续教诲我的两个弟弟，使他们能够终身弘扬夫子的学说！"

陪同孔子看望兄长的冉雍和冉求，由冉雍代表弟弟冉求安慰冉耕道："兄长放心，我和弟弟一定潜心求学，早日掌握为政以德之道。兄长请安心养病，您会好起来的。"孔子握着冉耕的手，悲愤地诉说着心中的哀伤："难道就治不好了吗？这就是命吗？这样的仁德之人为什么会得这样的病呢？这样的仁德之人为什么会得这样的病呢？"[①]

冉耕是孔子弟子中去世最早的优秀弟子，孔子和他的弟子们一起来到冉耕的家乡，参加了冉耕的葬礼，充分寄托了孔子与弟子们对早逝弟子冉耕的哀思。

亲爱的读者，冉耕虽然早逝，未能充分施展才华，但他的两个弟弟却都继承了他的贤德好学之风，和他一同并列于后人传诵的孔门十哲之列，成就了孔门弟子成德成才的传世佳话。

---

① 参见《论语译注·雍也篇第六》第10章。伯牛有疾，子问之，自牖执其手，曰："亡之，命矣夫！斯人也而有斯疾也！斯人也而有斯疾也！"

可使南面篇——冉雍

通则一天下，穷则独立贵名，天不能死，地
不能埋，桀跖之世不能污，非大儒莫之能立，仲
尼、子弓是也。

——《荀子·儒效》

拜师孔门

24　拜师孔门

公元前515年的重阳节那天，鲁国的国都曲阜，天高云淡，秋高气爽，大道两旁的树木郁郁葱葱。这一天，三十七岁的孔子刚刚从齐国回来，他初期的弟子们纷纷来到孔子宅院向老师问候请教。有颜回之父颜路，有曾参之父曾皙，有陪孔子赴周拜访老子的贵族弟子南宫敬叔，还有跟随孔子从齐国归来的弟子子路等。正在大家津津有味地交谈之际，门客向孔子通报，说有一位青年带着两位弟弟前来孔子门下拜师。

子路最是热心，立即为孔子安排新生拜师仪式。就见一位二十来岁的端庄青年，后面跟着一位十五六岁的虔诚少年和一位六七岁的俊俏童子。为首的这位端庄青年手持三份束脩，向孔子及其陪侍弟子自报家门道："我们弟兄三人都是鲁国陶邑冉姓人氏，我姓冉名耕，字伯牛。"接着，指着后面的少年和童子继续介绍："这位是我的大弟弟，姓冉名雍，字仲弓。这个童子，是我的小弟弟，姓冉名求，年纪幼小，尚未有字。父母本命我和弟弟冉雍前来拜师，无奈小弟冉求好学心切，执意同往，所以就一块前来拜师了。"说完他就恭立一旁，等待孔子问话。

孔子端详着刚登门的弟兄三人，越看越喜欢。兄长，端庄仁厚；长弟，虔诚内敛；幼弟，眉眼聪慧。他问长弟冉雍道："你来拜师，是听从父母之命，还是自愿前来？说说你的志向吧。"

冉雍迈前一步，躬身施礼后答道："我和长兄冉耕的慈爱继母公西氏，听闻夫子设教阙里①，仰慕夫子君子品德，督促我们弟兄前来拜师求学。我在陶邑学馆诵《诗》学《书》数年，仰慕尧舜圣贤之道，想进一步增进学问。我们兄弟三人一直仰慕夫子学识道德，都愿拜学夫子门下，发扬光大尧舜圣贤之道。"

孔子听后非常欣赏地说："我很高兴门下又添新人，儒学更加兴盛。你与兄长冉耕，我就收下了。至于你幼弟冉求，待他学至十五六岁，再来拜师不迟。"

亲爱的读者，读了冉雍拜师孔子的故事，您是否可以从中看出，主动学习才是学有所成的关键因素。那么，冉雍在孔子门下是怎样学习的呢？请您继续品读冉雍"请教仁道"于孔子的故事。

---

① 阙里：孔子故里，在今山东省曲阜市城内阙里街。因有两石阙而得名。相传孔子曾在此讲学。

25　请教仁道

　　冉雍自从拜在孔子门下，一直乐学不倦，诵读《诗》篇，研悟《书》章，体验《礼》《乐》，虚心听从孔子教诲。但孔子发现冉雍听课总是坐在位置偏僻的角落里，几乎没有主动提问过，和其他弟子交往时也显得比较胆怯，行事举止缺乏自信，于是就让子路了解情况。

　　子路通过冉雍之兄冉耕、冉雍学友南宫敬叔，了解到冉雍因出身耕牧之家，家境贫寒，产生了自卑心理。孔子信奉有教无类，针对冉雍的这种自卑心理，私下里鼓励他道："冉雍啊，你又何必自卑呢？耕牛的儿子也有很优秀的，我认为说的就是你啊！长着赤色的毛，整齐的角，虽然有些人不想用它担当祭祀的牺牲，山川之神心明眼亮，自然是不会舍弃它的。①你只要努力向学，一定会成为我的优秀弟子的。"冉雍听了孔子鼓励的话，

　　① 参见《论语译注·雍也篇第六》第6章。子谓仲弓，曰："犁牛之子骍且角，虽欲勿用，山川其舍诸？"

慢慢地变得自信了，敢于向孔子主动请教问题了。

有一次，冉雍跟随孔子参加完鲁国的一场祭祀活动后，向孔子请教，自己怎么做才能迈向仁义之道。孔子想了想，根据冉雍平时做事恭谨的风格，教诲道："求仁莫过于敬业、爱民、宽恕。出门做事要像接待贵宾一样庄重，使用民力要像重大祭祀一样慎重。自己不喜欢的，就不要强加于别人。为国君尽职不要有怨恨，为大夫效力也不要有怨恨。"冉雍听后，对于自己今后的人生努力方向更加明确了，恭敬地对孔子说道："谢谢夫子教诲。我虽然迟钝，但也要实践你的教诲。"①

冉雍通过跟随孔子学习思考，德行有了很大的提高，不光在弟子中间深孚众望，而且在鲁国政坛也有了一定影响。他的儒学修养及其治世之道受到其后战国时期儒学大家荀子的大加赞赏："通达时就协调天下，穷困时就独立成名。天也不能使他死亡，地也不能将他埋葬，夏桀、盗跖时代也不能污蔑他。不是大儒不能这样立身处世，仲尼、仲弓就是这样的人。"②

亲爱的读者，冉雍在孔子教导下，在为政方面的学问又有了什么进步呢？请您继续品读孔子推荐冉雍"从政弃政"的故事。

---

① 参见《论语译注·颜渊篇第十二》第2章。仲弓问仁。子曰："出门如见大宾，使民如承大祭。己所不欲，勿施于人。在邦无怨，在家无怨。"仲弓曰："雍虽不敏，请事斯语矣。"

② 出自《荀子·儒效》。

26 从政弃政

公元前501年，鲁国政坛安定了许多。鲁国执政大臣季桓子内部家臣仲怀梁被制服，最大的威胁阳虎也失败逃出国境，公山不狃在费城叛乱也被镇压。鲁定公和季桓子在这段内乱期间，看到孔子并没有和这几个乱臣同流合污，于是对孔子及其弟子印象好了许多，知道孔子是拥护鲁国国君和执政大臣的，便决定吸收孔子加盟鲁国政坛。于是孔子五十一岁那年开始在鲁国受到重用，在鲁国当了一个靠近齐国边境的城市的中都宰，据说就在现在汶上一带。

此时，孔子正需要优秀弟子的辅佐。颜回、宰予（宰予，字子我，亦称宰我）、冉求、子贡等人刚满二十，尚需历练，子路、冉耕、冉雍等大一些的弟子可以派上用场了。冉雍正好而立之年，对于从政也充满了向往，开始向孔子请教如何从政。

冉雍对春秋时期秦穆公重用人才、振兴秦国的治国措施非常赞同，对秦穆公手下一位叫子桑伯子的贤能大夫治理都邑的政绩非常崇拜，于是就向孔子请教此人为政特点。

孔子答道："子桑伯子生活简朴，他为政的最大特点是做事简单，不求烦琐。"冉雍感觉仅仅这样是不够的，于是鼓起勇气质疑孔子道："如能敬事而信，抓大放小，不扰其民，是完全可以的。如因懒政而求简单，不利其民，就显得太简单了吧？"

孔子听后点点头，赞赏道："善哉！为政必须敬业爱民！冉雍的见解是正确的。"①

冉雍继续向孔子请教古今刑罚教化问题。孔子教导他道："古代的刑罚较少，现在的刑罚繁多。在教化百姓方面，古代先用礼仪规范民众行为，然后才适用刑罚来整顿，所以刑罚少；现在不用礼仪教化百姓，只用刑罚整齐统一他们的行为，刑罚因此繁多。不讲礼仪，百姓就不知有耻；只用刑罚匡正百姓行为，他们就只能暂时避免犯罪。我赞赏你钦慕的秦穆公大夫子桑伯子以简治民，就是这个原因啊！"②

冉雍听后，俯身拜谢孔子道："弟子雍虽然迟钝，也一定要践行夫子教诲的礼仪治民之道。"

孔子任中都宰一年后，由于政绩斐然而擢升为司空，掌管鲁国工程建设，不到一年又荣升为司寇，掌管鲁国司法事务。

孔子就任司寇的第二年，协助鲁定公取得了与齐景公夹谷之

---

① 参见《论语译注·雍也篇第六》第2章。仲弓问子桑伯子。子曰："可也简。"仲弓曰："居敬而行简，以临其民，不亦可乎？居简而行简，无乃大简乎？"子曰："雍之言然。"

② 参考《孔丛子·卷二·刑论第四》。

会的外交胜利，迫使齐国归还了前些年侵夺鲁国的几座城池，威信空前高涨。

孔子又经过两年的鲁国施政，于公元前498年夏天，开始不动声色地实施他精心谋划的削弱三桓势力"隳三都""尊君室"的政治主张，就是有步骤地把鲁国孟孙氏、叔孙氏、季孙氏三家贵族盘踞的封地城墙拆除，减弱三桓对鲁君公室的威胁。

孔子这一策略立即得到了鲁定公和鲁国执政大臣季桓子的认可，因为此时的季桓子，正被他的封地费邑家臣公山不狃叛乱搞得灰头土脸，尚不明白孔子这项措施的深意。

孔子特别向季桓子推荐季氏宰子路率军执行"隳三都"的军事任务，得到了季桓子的批准。由于子路为季氏宰忙于"隳三都"的军事行动，无暇顾及季桓子家政，于是孔子根据季桓子的意思，委托冉雍做了季桓子的家宰。

这一年，冉雍三十三岁。他临行前，向孔子请教为政的学问。孔子对他教诲道："你要给同僚带好头，不要斤斤计较人家的小失误，要善于发现并提拔优秀人才。"

冉雍进一步请教道："我怎么样才能把那些优秀人才都识别并提拔起来呢？"

孔子指点道："你就提拔你所知道的；即使还有你所不知道的，别人难道会埋没他们吗？"①

---

① 参见《论语译注·子路篇第十三》第2章。仲弓为季氏宰，问政。子曰："先有司，赦小过，举贤才。"曰："焉知贤才而举之？"子曰："举尔所知；尔所不知，人其舍诸？"

于是，冉雍就带着居敬行简的施政主张，本着以德化民的施政理想，到季氏那里就任家宰之职了。他致力于把孔子的仁德学说，始终如一地贯彻到家宰工作中。但是季桓子为政老道，对于冉雍以身作则的示范带动作用屡加赞赏，而对于冉雍提出的包容小过、提拔贤才的为政建议，则敷衍塞责，继续任人唯亲，不讲原则。最终，冉雍担任季氏家宰不到半年的时间，看到季氏虽然能够对自己以礼相待，但对于自己提出的建议往往束之高阁，并不实行。冉雍失望之余，主动辞职，又回到了孔子身边。

冉雍回到孔子身边后，有些弟子讥讽冉雍不被季氏重用："冉雍这个人，虽然品德高尚，但没有高超的口才，不能说服季氏听从他的主张。"冉雍对此一笑了之。

孔子听后，非常生气，对冉雍推行仁德善政表达了明确的支持："何必要逞口才之能呢？强嘴利舌地同人家辩驳，常常被人讨厌。冉雍的仁德，还要继续努力，但哪有必要非得做巧舌如簧的谄媚之徒呢？"①

冉雍辞去季氏家宰的次年，即公元前497年，五十五岁的孔子也辞去鲁国大司寇职务，开始了长达十四年的周游列国的磨难之旅。冉雍紧紧追随孔子，一同经历了孔子寻找明君而不遇的人生锤炼。

孔子去世后，孔门德行科四位优秀弟子就剩闵子骞和冉雍了。他们两人在子贡的热心支持下，指导子夏、子游（言

① 参见《论语译注·公冶长篇第五》第5章。或曰："雍也仁而不佞。"子曰："焉用佞？御人以口给，屡憎于人。不知其仁，焉用佞？"

偃，字子游）、曾参、子张等孔门年轻弟子，共著《论语》20篇。据传冉雍又独著6篇，名曰《敬简集》。

亲爱的读者，冉雍的可贵品德，就是以学习儒家学说、追求尧舜之道为终生努力方向，为政不求个人富贵，为道去官如弃敝屣，像他的老师孔子一样，穷则独善其身，达则兼济天下，得到了后世学者的敬仰，是天下学子效法的好榜样。

口才卓著篇——宰予

子曰:"夫言贵实,使人信之,舍实何称乎?是赐之华不若予之实也。"

——《孔丛子·卷一·记义第三》

昼寝受责

27　拜师受教

　　孔子四十五岁那年，鲁国公室处于三桓把持朝政的动荡之中。孔子一边等待名正言顺的从政时机，一边从事他得心应手的开办私学、教化弟子的工作。这一年，孔子接收了两位后来成长为孔门十哲的优秀弟子，一位是冉耕和冉雍好学多艺的小弟弟冉求，一位是聪明善辩的鲁国少年宰予。他们俩同一年出生，比孔子小二十九岁，都是在十六岁这一年拜入孔门，开始了追随孔子的学业生涯。

　　宰予拜师仪式上的聪明表现，引起了孔子的关注。孔子对宰予和冉求说道："我已闻知宰予聪明善辩，也还记得多年前冉求跟着两个哥哥前来拜师的伶俐可爱。现在你们都到了束脩为学之年，就请你们俩谈谈齐、鲁两国的为政特点，表达一下自己的看法吧。"

　　冉求朝孔子深施一礼，小心翼翼地回答："鲁国重视礼乐教化，百姓崇尚周公文化；齐国重视工商发展，民众追求财富增加。我也不知道鲁国和齐国哪种为政风气好，愿意接受夫子教诲，明确学习努力方向。"

宰予听完冉求观点，反驳道："天道酬勤，国家强盛才是兴霸之道。鲁国过于重视礼乐教化，国力发展明显弱于齐国。所以我觉得，鲁国应该借鉴齐国崇商致富国策，发展经济，才会立于列国不败之地。"

孔子听后，教诲冉求和宰予道："鲁国重视礼乐教化，百姓相处和睦，少生摩擦之心，纵然经济发展慢一点，也是良性发展。齐国经济固然要强大一些，但急功近利，往往会欲速不达。只是现在鲁国尊君之道不倡，还希望你们要多学习周公礼乐文化。夏商周三代为政文化，博大精深，周朝的礼仪制度是以夏商两代为依据制定的，多么丰富多彩呀！我是主张周朝的。"①宰予和冉求拜谢孔子道："多谢夫子教诲。"

亲爱的读者，宰予拜入孔门之后，是怎样学习成长的呢，请您继续品读宰予"追问五帝"于孔子的故事。

---

① 参见《论语译注·八佾篇第三》第14章。子曰："周监于二代，郁郁乎文哉！吾从周。"

28 追问五帝

宰予拜孔子为师，对于孔子教授的《诗》《书》等内容，学习得非常顺利。宰予并不满足所学的这些知识，他还对古代三皇五帝的传说文化非常痴迷。宰予便趁孔子休息的一天，特地单独向孔子请教。

宰予先向孔子请教道："夫子，我小时候的师傅曾告诉我，远古时代的黄帝活了三百年。请问黄帝是人还是神呢？为什么能活得这么长久呢？"

孔子听后回答："黄帝离我们的确很久远了，现在的好多人是说不清楚的。我对黄帝略微有些了解。黄帝是少典的儿子，生下来就神奇灵异，小时候就睿智端庄，长大后能明辨一切。他安抚天下民众，战败炎帝和蚩尤，制作礼服，播种百谷。黄帝生前，民众受其恩惠一百年；黄帝死后，民众祭祀他的神灵一百年；之后，民众继续沿用黄帝的教化又一百年，所以说黄帝活了三百年。"

宰予继续追问："夫子，我还想听您讲讲帝颛顼（zhuān xū）的传说。"

孔子教导宰予道："五帝的事情，一直没有文字记载，主要是几千年的代代传说。还是多学一些尧舜文武的政策法度，更有利于社会治理啊。不过，你既然这样好奇，我就给你介绍一下帝颛顼。帝颛顼是黄帝的孙子，高阳氏。他博古通今，又有远见，顺应时令，取法上天，巡行四海，安抚民众。北到幽陵，南至交趾，西去流沙，东达蟠（pán）木，日月所照的地方，没有不归属于他的。"

宰予还不满足，继续请教孔子关于帝喾（kù）的传说。孔子继续为宰予解说道："帝喾是黄帝之子玄枵（xiāo）的孙子，名叫高辛。他广泛施利于民，兼听明察入微，仁慈而有威望。他知道人民急需什么，安抚教化民众，敬奉祭祀鬼神。"

宰予边听边记，顿觉眼界大开，如饮蜜浆，接着追问帝尧的情况。孔子继续侃侃而谈："尧是高辛氏的儿子，陶唐氏。其仁如天，其智如神。富而不骄，尊贵谦下。他命伯夷掌管礼仪，夔（kuí）和龙掌管音乐，提拔大舜出来做官，赢得天下民众归附。"

宰予带着渴望的神情，乞求孔子道："请夫子您最后给我说说舜的情况吧。"

孔子诲人不倦，继续讲解道："舜是乔牛之孙，瞽（gǔ）叟之子。舜的孝顺名声四方皆知，制陶打鱼，赡养父母。他圣明、睿智而通达，成为天下英明的帝王。舜为臣三十年，为帝五十年，死于苍梧山野，并埋葬在那里。"孔子说完这些，教诲宰予道："宰予啊，古代五帝功德大的如天，小的如我所说，民众也非常满意。你还年轻，没有社会历练实践，还不是能够真正懂得这些道理的人。"宰予请教孔子至此，顿觉收获满满，非常感激地伏地拜谢孔子道："多谢夫子教诲之恩，宰予一定对您所授五帝传说细心领会，将其作为今后学习和事业的引导。"[①]

　　亲爱的读者，看过宰予请教孔子五帝的成长故事，您是否认同宰予的好学精神呢？接下来会发生什么让孔子生气的事情呢？请您继续品读宰予"昼寝受责"的故事。

---

① 参考《孔子家语通解·卷第五·五帝德第二十三》。

29　昼寝受责

在孔门弟子中，宰予大子贡两岁，比子贡拜师早，算是子贡的学长了。子贡拜入孔门后，发现宰予聪明机灵，在和同门的争论中经常占到上风，便对宰予愈加佩服起来。

这次宰予请教完孔子"五帝美德"之后，顿时觉得自己博学起来。他面对新来学弟子贡崇拜的目光，决定显示一下自己比其他同门厉害之处。于是，面对子贡的询问，便扬扬自得地介绍起刚从孔子那里学来的五帝美德的传说故事。

子贡也是好奇好学之人，对宰予讲的这些五帝传说，听得津津有味。夜已经深了，听者子贡毫无倦意，讲者宰予却已眼皮打架，快睁不开眼了。在子贡的一再要求下，宰予讲完五帝美德的传说故事，已经是半夜了。古人日落而息，日出而起，都有早睡早起的习惯，为的是白天不用照明，能做更多的事情。那时候，夜晚点灯照明是一件很奢侈的事情，不是大夫士绅阶层，普通人家是没有钱财供应子弟点灯看书的。

第二天鸡叫时分，孔门弟子们就纷纷起床，开始一天的课业了。孔子对弟子的授业方式，一般是上午学习《诗》《书》《礼》《乐》，下午练武射御，强身健体。这天上午，天气炎热，大家都听得有点困倦。宰予精力特别不好，听着孔子讲课，恍恍惚惚，快到中午的时候，竟疲惫地打起了呼噜。

这下可把孔子气坏了，孔子让宰予身边的子贡立即叫醒他。宰予睁眼发现大家都在看他，尤其是看到孔子的严厉目光时，吓得立即低下了脑袋。孔子本来就对宰予前一天好高骛远遍问五帝不悦，看到宰予白天上课睡觉，自然更不高兴，便毫不客气地批评道："宰予，你怎么能在大白天睡起觉来呢？你这样下去的话，就真的要变成无法雕刻的腐烂朽木、不能粉刷的粪土墙壁了。白天时光短暂，要抓紧学习；晚上灯火金贵，就要早睡养精蓄锐。至于宰予嘛，都不值得我责备了。"

宰予连忙躬身向孔子诚恳认错："夫子见谅，小子惭愧知错了。我一定痛改往日浮躁学气，虚心向学。"宰予对于孔子的批评，没有任何不满，虚心接受，以后再也没有出现这种情况。据宰予后人考证，《论语·公冶长》中的"宰予昼寝"章，就是宰予自己记录孔子教诲，编辑到《论语》里的。①

亲爱的读者，孔子和宰予，是一对真性情的师生，宰予犯错，并不会掩盖他的优秀成长。请您继续品读宰予请教孔子"井有仁焉"的事件真相。

① 参见《论语译注·公冶长篇第五》第10章。宰予昼寝。子曰："朽木不可雕也，粪土之墙不可杇也；于予与何诛？"子曰："始吾于人也，听其言而信其行；今吾于人也，听其言而观其行。于予与改是。"

30　井有仁焉

　　孔子带着他的弟子们周游列国，前往楚国的路上，受到陈国和蔡国大夫的围困，断绝粮食长达七天，弟子们都饿得站不起来了。这里面就有宰予的身影，见证了颜回"吃米见仁"的全过程。

　　子贡把讨来的一袋米按孔子吩咐，交给颜回去煮，发现颜回偷吃了一把米，立即到孔子那里告了颜回一状。孔子叫来颜回询问，很快便弄清了颜回捡食落了灰尘不干净米饭的真相。原来是子贡误解了颜回。于是，孔子当着子贡、宰予和众弟子的面，为颜回正名道："端木赐看到颜回吃米，虽是眼见为实，却误解了颜回此举的动机。我对颜回道德的信任，并非现在。颜回清白高尚，永远是大家学习的楷模。"[①]

　　颜回谦逊地向子贡拱手道："多谢子贡监督我的言行。愿我

---

① 参考《孔子家语通解·卷第五·在厄第二十》。

们孔门众弟子继续践行夫子教诲，'即使在吃饭时也不要违背仁德，无论是一时仓促匆忙还是现在颠沛流离，都一定要和仁德同在'①。"颜回说完就安排孔子和众同门开始吃饭。这一顿饭，虽是饥饿多日之后的进餐，但孔门弟子却无一人争抢，全都做到了你谦我让！孔子看着这你谦我让的斯文场面，禁不住赞叹道："自从我有了颜回，我门下的弟子们就更加亲近了，仁德也能日益发扬光大了。"

就是在这个感人时刻，坐在子贡旁边的宰予看到颜回被子贡误解，对无论何种情况下都要行仁产生了疑惑，想到了一个奇怪的问题，就向孔子发出了疑问："予有一问不明，敢问夫子：有仁德的人，告诉他'井有仁焉'，那他该怎么办？也要跟着跳下去吗？"弟子们听完宰予提的这个问题，还没等到孔子开口，就开始议论纷纷：赞同者有之，疑惑者有之，反对者亦有之。

孔子沉吟片刻，庄重地说道："以前我曾教诲仲由六言六蔽的道理，特别告诉他：'好仁不好学，就容易被人愚弄；好智不好学，就容易放荡，愚弄别人；好信不好学，就容易被人利用；好直不好学，就容易说话尖刻伤害他人；好勇不好学，就容易犯上作乱；好刚不好学，就容易胆大妄为。'②今日宰予提出的这个问

---

① 参见《论语译注·里仁篇第四》第5章。君子无终食之间违仁，造次必于是，颠沛必于是。

② 参见《论语译注·阳货篇第十七》第8章。子曰："由也！女闻六言六蔽矣乎？"对曰："未也。""居！吾语女。好仁不好学，其蔽也愚；好知不好学，其蔽也荡；好信不好学，其蔽也贼；好直不好学，其蔽也绞；好勇不好学，其蔽也乱；好刚不好学，其蔽也狂。"

题，就是'好智不好学'的弊病啊！我现在要严肃地告诫你：你为什么认为非要这样做呢？君子可以让他远远走开不再回来，却不可以陷害他；君子可以欺骗他，却不可以愚弄他。仁者爱人。君子完全可以寻绳救人，何必要愚蠢地同落井之人一样陷于窘境呢？"[①]

宰予听完孔子的教诲，感慨地赞叹道："感谢夫子对我和弟子们的智仁教诲，我们行仁是使命，兴仁是追求，博学方能笃志啊！"宰予和他的同门弟子，更加坚定了跟随孔子周游列国的信念。

亲爱的读者，宰予所提的这种两难问题，显示了他高明的智慧，虽然容易令人迷茫，受到了孔子的批评与反驳，但他这种智者好问的精神，还是值得我们后人学习的。请您继续品读宰予"使楚获赞"的故事。

---

① 参见《论语译注·雍也篇第六》第26章。宰我问曰："仁者，虽告之曰：'井有仁焉。'其从之也？"子曰："何为其然也？君子可逝也，不可陷也；可欺也，不可罔也。"

31　使楚获赞

孔子周游列国居住在陈国的时候，楚昭王向孔子发来聘书，请孔子到楚国辅助他实施仁爱治国的新政。

孔子和他的弟子们在脱离陈蔡围困后，来到了楚国边境叶地。叶地的行政长官叶公久慕孔子大名，热情挽留孔子先在叶地多住几日，以便向孔子请教政事。孔子就派宰予到楚国国都，把他治理楚国的仁义主张，先跟楚昭王交流一下，也顺便了解楚昭王聘请孔子的意向。

宰予来到楚国，得到了楚昭王的亲自接见。宰予向楚昭王汇报完孔子治理楚国的仁义主张后继续说道："我们孔老夫子听说大王您以前身体有疾，未信卜者祭祀黄河可以去病之言，认为不应该祭祀楚国境外的黄河，应该祭祀楚国境内的长江、汉水、睢水、漳水。我们孔老夫子对您的这种诸侯守礼风范，非常赞赏，认为您是懂得大道之人，保有并振兴楚国，是大有希望的！"

楚昭王听了宰予转述的孔子对他的赞赏，非常高兴，要送给孔子一辆用象牙装饰的豪华车子。

宰予代表孔子回禀道："我们孔老夫子是不会坐这种豪车招摇于都市之中的。自从拜夫子为师以来，我看到的是他言语不离大道，行动不违仁爱，清正廉洁喜好节俭，俸禄与弟子共享，从不积累财富。不和道义，就义无反顾离去；辞去鲁国官职，也毫无眷恋之心。他周游列国始终以实行周公礼乐治国之道为最大理想。如果道可行，则以治国安邦为平生最大乐事；如果无处行道，则以教化弟子为平生最大喜好。他对淫邪的郑、卫之音，从来不听；他对豪华的车辆服饰，从来不看，所以我知道夫子不会使用这辆华丽的车子。"

楚昭王听到这里，对孔子更加敬重好奇了，问宰予道："你能再给我讲讲夫子的愿望吗？"

宰予朗声答道："现在天下礼崩乐坏，道德搁置。夫子的志向就是想重兴周公礼乐之道。果真有想以周公礼乐之道治理国家的君主，我们夫子就是走着去上朝，也是心甘情愿的。"

楚昭王听后，非常兴奋："我以前只是耳闻孔夫子清高，难有接近的机会。今闻先生一席孔夫子的高论，我真的感受到孔夫子道德的伟大了。我要'以书社地七百里封孔子'①。"

宰予出色地完成了孔子派他使楚的使命，兴冲冲地回到孔子居住的叶地，向孔子汇报了这次受楚昭王接见的情况。孔子听完后，问弟子们道："你们认为宰予说得怎么样？" 子贡认为宰予之

① 参考《史记·孔子世家第十七》。

言多为夫子行事之实，未尽夫子德高之美。可孔子却称赞宰予这种"夫言贵实"的外交风格，认为"赐之华不若予之实也"，就是说子贡的浮华比不上宰予的真实啊！[①]

再说楚昭王送走来访的宰予，不小心得了风寒，卧床养病。他的兄长子西过来探望，与他讨论起要重用孔子并封七百里书社地的事情。

子西问道："大王，您派往各国的使臣之中，有像子贡那样擅长外交辞令的人才吗？"楚昭王说："没有。"

子西又问："大王的左右辅佐大臣之中，有像颜回这般智慧好学的人吗？"楚昭王说："没有。"

子西又问："大王的将帅之中，有像子路这样耿直勇猛的人吗？"楚昭王回答："没有。"

子西还问："大王的各部主事官员中，有像宰予这样能干的贤臣吗？"楚昭王回答："没有。"

子西这才说道："很久以前，周天子分封我们楚国的祖先，封号只是子爵，土地其实只与男爵相等，仅有区区五十里，经过了我们先祖好多代人的努力，才有了现在地域广阔的强大楚国。孔丘讲述三皇五帝的治国方法，申明周公旦、召（shào）公奭（shì）辅佐周天子的事业。大王您如果任用了他，楚国还能世世代代保有方圆几千里的土地吗？想当年周文王、周武王作为只有百里之地的君主，最终却能统治整个天下。如今您却想让孔丘拥

---

① 参考《孔丛子·卷一·记义第三》。

有那七百里社地，再加上他那些有才能弟子的辅佐，这可不是楚国的福音啊。"

楚昭王听了，心里一凉，对子西说道："看来这事，还得和大臣们慎重考虑考虑。"不久，楚昭王病重去世，聘用孔子封地之事，也就不了了之了。

孔子只好从楚国返程，又回到了卫国，继续他教化弟子的教育事业。这是发生在鲁哀公六年（公元前489年）的事情。直到五年后的鲁哀公十一年（公元前484年），孔子在冉求、子贡的辅佐下，才回到了周游列国的出发地鲁国曲阜，实现了他晚年落叶归根的愿望。

亲爱的读者，请您继续品读宰予敢于和孔子"争鸣丧期"的故事。

32　争鸣丧期

公元前484年，六十八岁的孔子终于结束了长达十四年动荡不安的周游列国生活，回到了自己一直眷恋着的鲁国曲阜。此时的孔子，名声显赫，被国人及列国慕名来访者尊称为"国老""圣人"。

有一天，子贡和冉求正在向孔子请教婚丧礼仪，宰予听说后，也赶忙来向孔子讨教。子贡对冉求说道："你现在身为季氏宰，劳苦功高，深受季氏器重。面对孝道不倡的鲁国权贵，为何不推行夫子三年之丧的礼仪呢？让子女在思亲的三年守丧中，更加坚定父慈子敬、母爱子孝的人伦之道啊！"

冉求叹了口气说："夫子倡导的三年丧期之礼，的确有助于孝道教化。但鲁国上自公侯下至大夫，多不守三年丧期。他们觉得丧期不在长短，只要尽到思亲之哀就行了。上行下效，普通士民阶层，就更加难以推行三年丧期礼仪了。"

子贡宽解冉求道："不过，在咱夫子的率先垂范和大力教化下，闵子骞、子夏等同门皆已遵从夫子倡导的三年之丧了。相信天下后世会有越来越多的仁人志士遵行三年丧葬之礼的。"孔子听后，刚才微蹙的眉头，稍稍舒展了一些。

这时，坐在一旁的宰予插话了："夫子，我在和鲁国大夫的交流中，听到一种丧期观点，觉得颇有道理。"孔子听后点点头，示意宰予说下去。宰予继续说道："为死去的父母守孝三年，为期也太久了吧？君子如果因守丧三年不习礼仪，礼仪必定会被废弃；君子如果因守丧三年不奏音乐，音乐技能必定会丧失。守丧一年，去年的旧谷吃完了，新谷也已收获，打火用的燧木也经过了一个轮回。大家觉得守丧一年就可以了。敢问此说有理否？"

孔子并未正面回答，而是启发宰予道："如果父母去世不到三年，你便吃白米饭，穿花缎衣，你心里能感到安稳吗？"

宰予挠了挠头，诚实地答道："不坏礼乐，一年思亲，日月非短，言之成理，我心里觉得应该安稳了。"

孔子见自己的引导并未扭转宰予的看法，也不再勉强宰予非得遵从自己三年丧期之礼了，不悦道："你既然觉得心里安稳，就去实行吧！我认可的守孝君子，吃美味的食品不会觉得香甜，听美妙的音乐不会觉得快乐，住在家里不会觉得舒适，所以他们不会像你说的这样做。如今你既然觉得心里安稳，就去实行吧！正好闵损、卜商居处不远，你可以和他们就三年丧礼再去交流。"孔子见宰予出门，就让子贡、冉求对刚才宰予的丧期说辞表达一下各自的看法。子贡先说道："宰予一年丧期之说虽言之成理，但不合夫子之道。我是不同意他的丧期观点的。"冉求小心回答：
"虽然国人很少有守三年之丧的，但我赞同夫子教诲，定当谨守
父母丧期三年之礼。"

孔子听后，欣慰地点点头，感慨道："宰予真是不仁啊！儿
女生下来，三年以后才能完全脱离父母怀抱，我们儒家因此才倡
导替父母守孝三年。我们儒家仁义爱人，孝亲三年守丧之礼，理
应如此，理应通行天下。宰予难道就没有从他父母那里得到过三
年怀抱的爱护吗？"①孔子说完后又嘱咐子贡和冉求道："希望你
们众弟子，要谨守父母三年丧期之礼。我们儒学讲究礼至才能德
归，德归方能成仁的道理啊！"

亲爱的读者，这个故事里的孔子和宰予，您觉得到底谁
的观点更有说服力呢？古代社会强调子女为去世父母守丧三
年的孝期，是封建社会伦理的重要特征；现代社会，更强调
生前尽孝、死后薄葬的现代丧葬礼仪。您不觉得宰予比之子
贡、冉求，在社会教化方面，更有移风易俗的创新精神吗？
宰予不仅跟随孔子学习，还积极投身到鲁国政务之中。请您
继续品读"哀公问社"的故事。

---

① 参见《论语译注·阳货篇第十七》第21章。宰我问："三年之丧，
期已久矣。君子三年不为礼，礼必坏；三年不为乐，乐必崩。旧谷既没，
新谷既升，钻燧改火，期可已矣。"子曰："食夫稻，衣夫锦，于女安乎？"
曰："安。""女安，则为之！夫君子之居丧，食旨不甘，闻乐不乐，居处不
安，故不为也。今女安，则为之！"宰我出。子曰："予之不仁也！子生三
年，然后免于父母之怀。夫三年之丧，天下之通丧也，予也有三年之爱于
其父母乎！"

33　哀公问社

　　鲁哀公迎请孔子回到鲁国，针对齐国经常对鲁国的军事侵略，采纳了孔子和子贡联合吴国、抵抗齐国的外交策略，大大增强了鲁国抵抗齐国的实力。鲁哀公趁势吸收了更多的孔门弟子在鲁国朝野任职，宰予就被任命为鲁国官员，位列鲁国执政大臣季康子家宰冉求之后，协助冉求处理鲁国外交事务。

　　鲁哀公知道孔子是反对孟孙氏、叔孙氏、季孙氏三桓大夫架空国君的，自然认为孔子的弟子也是反对三桓专政的。近年来，吴国在与鲁国联合抗齐的过程中，一直采取打压执政大臣季康子、抬升国君鲁哀公的策略，使得鲁哀公自信了许多，颇有振兴公室的想法。

　　一次朝会后，鲁哀公特意留下冉求和宰予，探讨强化国君权威的国政改革事宜。鲁哀公问冉求道："寡人与季孙氏、孟孙氏、叔孙氏三桓大臣，在联吴抗齐的战局中，谁更重要啊？"冉求小心答道："出师伐齐，当以国君您的名义发号施令；军旅之中，也要拉着鲁国社木出征。但是三桓大夫掌握鲁国全部军队，仅季氏大人的军队就占了一半。季氏大人的军队在伐齐之战中，功不可没啊！"

鲁哀公听了有些失望，进而问宰予道："如果没有寡人出师征伐的号令和社木，联吴抗齐能进行得下去吗？"宰予对于冉求刚才的回答很不满意。心想，孔老夫子一直对三桓架空国君朝政不满，现在国君有了重振公室的想法，怎么还这样长季氏的威风、灭国君的锐气呢？应该借国君联吴胜齐之威，增强国君对三桓的震慑才对啊！想到这里，他就对哀公隐喻道："国庙社木是国家的象征，国家对外征战中，只有国君才有资格以国庙社木号令三军。关于国家社木，古代的时候，夏代用松木，殷代用柏木，到了周代改用栗木，意思是使人民战栗敬畏。[①]您的威望就像社木一样，这次咱们鲁国联吴胜齐，功莫大焉。您理应携此盛大威望，整顿朝纲，将礼乐征伐的政令统一到自己手中。"

冉求听了宰予这些看法，顿时吓出了一身冷汗。他知道鲁哀公已被季康子完全控制，季康子在鲁哀公身边安插了不少眼线，这些话会很快传到季康子耳朵里的，于是以目视意，提醒宰予少说为妙。聪明的宰予马上明白了冉求的意思，话锋一转，说起了各国不同礼乐的话题。哀公已经明白两位臣子的意思，知道自己受权臣控制，难有作为，也就暂时压下了重振公室权威的想法。

----

① 参见《论语译注·八佾篇第三》第21章。哀公问社于宰我。宰我对曰："夏后氏以松，殷人以柏，周人以栗，曰，使民战栗。"子闻之，曰："成事不说，遂事不谏，既往不咎。"

冉求担心宰予的安危，出了鲁哀公宫门，便急匆匆赶到孔子宅院，向孔子汇报他和宰予与鲁哀公的谈话情况，并请示孔子保护宰予的办法，以免"哀公问社于宰我"的话传到季康子那里，引来杀身之祸。孔子听完冉求的汇报，沉吟片刻，感叹道："宰予血气方刚，斗志可嘉。咱们鲁国权柄离开国君公室，已经五代了，政权被季氏大夫控制，也有四代了，当年桓公的三房子孙现在也该衰微了吧！①现在鲁国政坛大夫专政之势已是积重难返，请你转告宰予：已经做了的事情就不要再解释了，已经不可挽回的事情就不要再去挽救了，离开鲁国换个谋事的地方，估计季康子也就不会再追究了。"于是，宰予在冉求的帮助下，很快得到出使齐国观政的任命，到齐国去了。从"哀公问社"的故事中可以看出，宰予对鲁哀公 "使民战栗"的建议，是暗指三桓专政集团的，也让我们看到了宰予的一颗正气之心。

　　亲爱的读者，对于宰予之死，《史记》和《孟子》的记载并不一致，真实的历史情况应该是怎么样的呢？请您继续品读孔子委派宰予访齐及其 "人生结局"的故事。

---

　　① 参见《论语译注·季氏篇第十六》第3章。孔子曰："禄之去公室五世矣，政逮于大夫四世矣，故夫三桓之子孙微矣。"

34　人生结局

宰予在齐国观政期间，曾经悄悄地回到鲁国，看望他敬重想念的孔子。他还给孔子讲过齐国朝臣献蛇毒药方给齐国重臣梁丘据的趣事。

宰予向孔子汇报道："弟子这次访齐，碰到一件趣事。齐国重臣梁丘据被毒蛇咬伤，一个月后方才痊愈。梁丘据参加朝会时，正好我也在朝见行列。齐国大夫朝臣纷纷向梁丘据痊愈表示祝贺，好多人还献出各自搜集到的治疗蛇毒的药方。我当时就批评那些献药方的人说：'你们献药方，是为了治病。现在梁大夫蛇伤已好，药方还有什么用处呢？难道是想梁大夫再被蛇咬伤吗？'那些人听了，都沉默无言。夫子，弟子这样说，你觉得如何？"

孔子听后沉思片刻，教诲宰予道："中庸之道，待人贵在仁爱和气。宰予你这样说话，虽显机智，却少厚道啊！且不说那些献药方者确有讨好梁大夫之意，却也为以后再被蛇咬伤的人提供了更好的选择，你却把献药方的人和接受药方的梁大夫都得罪了。虽然你很机智，但要以仁为先啊！"

宰予听了，恍然大悟，跪谢孔子道："夫子教导，弟子一定谨记。我今后一定以仁为先，践行仁爱之道。"①

宰予的人生结局是怎么样的呢？《史记》和《孟子》有不同的记载。

《史记·齐太公世家第二》里记载：子我是齐简公宠臣监止的宗人，因为和齐简公大臣田常争权，监止和子我两人都被田常之徒追杀。由于宰予曾到齐国为官，他的字是"子我"，《史记》作者司马迁就将监止的宗人"子我"误认作孔门弟子宰予，所以在《史记·仲尼弟子列传第七》中，这样记载宰予的生命结局：宰予做齐国临淄的大夫，和田常作乱，因此被灭族，孔子为他感到羞耻。

《孟子·公孙丑上》对宰予也有明确的记载。孟子了解到，孔子去世后，宰予曾和子贡、有若一块评价孔子，宰予评价孔子"以予观于夫子，贤于尧舜远矣"。孟子距离宰予生活的年代比司马迁更近，也是最接近历史真相的。由此可知，宰予不是死于齐国内乱，更不会死于孔子之前。

亲爱的读者，据专家考证，齐国田常之乱前后，宰予都是站在齐简公的立场上参与齐国政务的。他坚持孔子反对权臣架空国君的理念，认为田常即使功劳再大，也不能凌驾于

---

① 参考《孔丛子·卷一·嘉言第一》。

国君之上。田常弑杀齐简公后，宰予为避免田常迫害，连夜逃出齐都临淄，日夜兼程回到鲁都曲阜，向他最尊敬的老师孔子报告了田常弑杀齐君的罪行。

孔子听后，义愤填膺，这就产生了《论语·宪问》第21章记载：孔子沐浴而朝，请求鲁哀公和三桓大夫出兵讨伐齐国乱臣陈成子。《论语》所说的"陈成子"，其祖上是自陈国避祸逃到齐国的国君公子，为避姓改为田氏，受到当时的齐桓公重用，世代在齐国为官。孔子主张讨伐的陈成子，即上文所说的田常，又称田成子。孔子请求鲁国讨伐陈成子受挫后，觉得宰予得罪了鲁、齐两国执政大臣，他们都有加害宰予的企图，干脆就让宰予隐姓埋名，做隐士去了。

宰予就像他的老师孔子一生难获重用一样，也因为鲜明的忠君爱国志向，不为鲁国、齐国权贵所容，只好将后半生纵情于山水，在隐居生活中体悟孔夫子的儒家学说了。

智而善问篇——子贡

子贡问曰："赐也何如？"子曰："女，器也。"曰："何器也？"曰："瑚琏也。"

——《论语译注·公冶长篇第五》

庐墓六年

35 出使吴国

孔子周游列国期间，一直念念不忘母邦，时刻关注着鲁国的兴衰。

公元前488年，吴国发兵威胁鲁国，要求鲁国拿出大大超越当时礼制的百牢大礼，也就是牛、羊、猪各一百头，还要让当时的执政大臣季康子前往觐见。季康子知道吴王夫差对以他为代表的鲁国三桓专政现象非常不满，害怕前往会受到吴王羞辱甚至遭到扣押，心里非常害怕。他冥思苦想之际，突然想起他父亲季桓子死前的嘱咐，要他迎回孔子辅政振兴鲁国。他心想，孔子年岁已老，倒是可以派人去卫国向孔子请教此事，请孔子派他合适的弟子替他出使吴国。

孔子收到季康子求援的书信，立即委派他最器重的门生子贡代表季康子出使吴国。子贡出使吴国，不但为鲁国与强大的吴国结成了对付齐国的联盟，而且得到了一旦共同打败齐国，将迫使齐国退还前些年霸占鲁国城池的诺言。季康子对孔子更加尊重了，对孔门弟子也更加器重了。

公元前486年，季康子虽然因听信家臣公之鱼谗言不再直接重用孔子，但毕竟迈出了重用孔子弟子的步伐，派使者赶赴卫国征求孔子意见，孔子推荐"政事"才能最出色的弟子冉求回国辅政。孔子看到自己的弟子开始在鲁国政坛中发挥作用了，便在为冉求送行的仪式上，高兴地唱起了在陈国创作的那首歌："回去吧！回去吧！我的弟子们志向高大，文质彬彬，斐然可观。我都不知道该怎么进一步教诲他们了。"①

子贡以其出色的外交才能出使吴国，获得了巨大的成功，受到了吴王夫差和他最信赖的大臣太宰嚭（pǐ）的赏识，也得到了鲁国君臣的一致赞赏。之后，他并没有接受季康子的聘用，而是又回到卫国继续陪伴孔子。子贡强烈感受到六十六岁高龄的孔子对故都曲阜的思念之情，便在送冉求回国的路上嘱咐："夫子思乡心切，渴望落叶归根。你有机会的时候，要想办法把夫子请回鲁国啊！"②

亲爱的读者，读了这则故事，您一定能体会到子贡对孔子的一片深情厚谊吧。子贡是否会再受孔子之托继续出访呢？请您继续品读子贡接受孔子重托的故事。

---

① 参见《论语译注·公冶长篇第五》第22章。子在陈，曰："归与！归与！吾党之小子狂简，斐然成章，不知所以裁之。"

② 参考《左传·哀公七年》。

36 受师重托

公元前484年，齐国执政大臣田常为达到专权目的，以鲁国结盟吴国为由，派其政敌准备带兵伐鲁，目的是借伐鲁消耗政敌力量，扩大自己的势力。孔子在卫国听说此事后，召集身边的弟子提议说："鲁国是我的母邦，我不忍心母邦受到侵犯。现在谁能代表我出使齐国，打乱田常的部署呢？"

平日遇事最积极的子路，这次也不例外，首先请求出使，孔子摇头制止。平日最善于向孔子提问的子张随后请求要去，孔子想了想，还是没有答应。

这时，孔子环顾弟子，最终将目光投向了他认为最有外交才能的子贡，充满期待地问道："赐啊，还记得昔日你问'士'于我吗？"子贡此时恭敬站起，向在座同门朗声高诵道："昔日赐问'士'于夫子，夫子告诉我保持羞耻之心，出使访问诸侯列国，完成君主委托使命，可以称'士'了；赐再问其次之士，夫子告诉我做到孝顺父母获得宗族称赞，尊敬师长受到乡里赞赏，可以算作再次之'士'了；赐第三次问更次之士，夫子告诉我虽是不问是非，只管兑现自己言行的小人，也可以算是更次之'士'了!"①

孔子听后点了点头，下决心道："此次使齐救鲁，比前几年我派你出使吴国、辅佐鲁国还要困难。我希望你此番出使齐国，能做到面临使命细心谨慎，遇到困难善于谋划。你此次出使齐国若能成功，就达到'士'的最高境界了。"于是，子贡辞别孔子，开始了他人生最为辉煌的外交生涯。子贡此行，并不仅仅是救鲁，而是辗转于齐、吴、越、晋四国，以充满智慧的三寸不烂之舌，搅动了春秋列国势力的此消彼长。

亲爱的读者，读了这则故事，我们可以看出孔子对子贡外交才能的器重。那么，子贡是怎样完成孔子嘱托的？请您继续品读子贡接受孔子委托"出使四国"的外交故事。

---

① 参见《论语译注·子路篇第十三》第20章。子贡问曰："何如斯可谓之士矣？"子曰："行己有耻，使于四方，不辱君命，可谓士矣。"曰："敢问其次。"曰："宗族称孝焉，乡党称弟焉。"曰："敢问其次。"曰："言必信，行必果，硁硁然小人哉！抑亦可以为次矣。"曰："今之从政者何如？"子曰："噫！斗筲之人，何足算也？"

37 出使四国

　　子贡接受了孔子的委托，立即向鲁国国君和执政大臣通报出使行程，获得批准与支持，开始了他辉煌的出使四国的外交生涯。

　　子贡首先来到齐国，对田常游说道："您作为齐国执政大臣，需要借政敌伐鲁削弱他们的实力，您的目的我是认同的。可是您想过没有，齐强鲁弱，如果您的政敌伐鲁获胜，则会增强他们的实力，对您反而不利。"田常听后觉得在理，便请教子贡应对之策。子贡为他参谋道："您要想削弱政敌势力，莫过于让他们出国打败仗。如此才能削弱他们的势力，降低他们在国君、百姓中的威望。我建议您让他们征伐强国，如好战兵强的吴国，就是一个不错的选项。"田常向子贡强调伐鲁命令已经发出，难以更改，除非让吴国进攻齐国才行。

　　面对田常提出的外交难题，子贡慨然应诺，随即带着田常赠送的厚礼来到吴国。子贡前几年代表季康子访吴接触过吴王，吴王夫差对子贡已经比较熟悉了。夫差很欣赏子贡的外交才华，子贡和他沟通起来容易了许多。面对吴王和能臣伍子胥定下的讨伐越国之策，子贡向吴王夫差做了巧妙的阐释：若吴先攻越再伐齐救鲁，则会导致齐国灭鲁称霸，吴国将错失称霸中原的机会。这可是吴王夫差朝思暮想的宏图大志。子贡进一步向吴王强调，鲁国已经结盟吴国，鲁国有难吴国不救，必将大大损害其他弱小盟国对盟主吴国的信任。此说果然让吴王弃越伐齐。吴王夫差也赠给子贡厚礼，助推子贡去说服越王勾践，派兵支持他伐齐救鲁。

子贡足智多谋，紧接着出使来到越国，劝说越王勾践，只有派兵支持吴王伐齐，才可达到既能消除吴王灭越念头，又能削弱吴国实力的双重目的，为以后报仇败吴积攒实力。越王勾践听完子贡的分析，幡然醒悟，又赠子贡厚礼，感谢他为自己"卧薪尝胆"弱吴灭吴大计出谋划策。

至此，子贡算是完成孔子托付的救鲁使命了。但他进一步想到，如果吴国伐齐成功，必然会更加强大，严重威胁鲁国。倒不如顺道去一趟晋国，说服晋国国君，届时痛击一下回国路上得胜骄狂的吴军，从而平衡春秋各国的势力，必将更加有利于鲁国的生存发展。晋国近年来已经感受到了吴国打败楚国、越国后崛起的威胁，正担心吴国与其争夺中原霸主的野心膨胀，当下就答应了子贡的建议。晋国国君也给子贡送上一份厚礼，感谢子贡提供了削弱吴国军事实力的计谋。

至此，子贡不仅出色地完成了孔子托付他弱齐存鲁的外交使命，而且借助晋国给骄狂吴军出其不意的一击，平衡了春秋末期各国势力。子贡携带着齐国执政大臣田常和吴国、越国、晋国三国国君赠送的厚礼，心情愉悦地行进在返回卫国的路上。他决定将这些礼物奉赠给他最钦佩的孔子，助推他的老师孔子继续周游列国，推行周公治国之道。

子贡还没到达卫国，就收到孔子已经回到鲁国的消息，于是改道奔向鲁国曲阜。原来，他的同门师兄冉求率领鲁国执政大臣季康子的军队击退了一股齐军（孟孙氏军队战败），并向季康子进言，说是自己的军事才能都是从孔子那里学来的，从而说服季康子禀报鲁哀公，一次派出三位使者携带贵重的聘礼去卫国，迎请回了已然六十八岁的孔子。

这时候，孔子已经周游列国十四年了。子贡回到鲁国时，正逢吴国和鲁国联军在艾陵大破齐国军队。吴王夫差不但将缴获的革车八百乘及俘虏献给鲁哀公，而且迫使齐国将孔子周游列国期间侵占的鲁国城池归还给了鲁国。自此，鲁国的季康子和鲁哀公尊孔子为国老，开始更多地重用孔子的得意门生。子贡以其骄人的外交成果，在三十八岁时被任命为鲁国外相。

孔子非常高兴，感慨道："要说扰乱齐国军事部署，保存鲁国国力，就是端木赐出使齐国的使命。可是端木赐后来能促使强大的晋国阻击吴国胜齐之军，让勾践灭吴称霸，那就是端木赐的超常发挥了。"①

亲爱的读者，子贡这一系列杰出的外交业绩，实在令我辈后人叹服。他是怎么成为孔子的弟子的呢？请您继续品读子贡"拜师学道"于孔子的故事。

① 参考《孔子家语通解·卷第八·屈节解第三十七》。

38　拜师学道

子贡能拜孔子为师，还得特别感谢他的外祖父、卫国先贤蘧（qú）伯玉大夫。这位蘧伯玉老夫子，是和孔子志趣相投的好朋友。孔子曾经发自内心地赞赏蘧伯玉道："蘧伯玉真是一个圣明的君子啊！卫国政治清明，他就出来做官；卫国政治黑暗，他就退而静养。"①

子贡生于富商之家，自幼聪慧，喜读诗书，爱好礼乐，经常向外祖父蘧伯玉请教学做君子的道理。蘧伯玉老先生看到外孙如此好学上进，便在他十八岁那年，向孔子写了一封推荐书，让外孙子贡揣着来到鲁国，向孔子拜师学习。当时子贡感觉自己已经挺有学问了，起初向孔子请教，是不够虚心的。等到他向孔子请教完三大问题后，才心悦诚服地拜孔子为师了。

———————

① 《论语译注·卫灵公篇第十五》第7章。子曰："直哉史鱼！邦有道，如矢；邦无道，如矢。君子哉蘧伯玉！邦有道，则仕；邦无道，则可卷而怀之。"

第一个问题是子贡对于人际关系的自我评价。子贡表示，自己不想受到别人欺侮，也不会去欺侮别人。孔子听后笑着纠正道："赐啊，以你的天性，这不是你能做到的。" ①

子贡听后脸红红的，接着请教第二个问题，如何做一个君子。孔子针对他能言善辩的特点，建议说："对自己说的话，要先践行了，再说出来，这就够说是一个君子了。" ②

子贡感觉孔子一下子就点到了自己言过于行的不足，不禁心头一震，接着提出了第三个问题："如果有人能做到贫穷却不巴结奉承，富贵却不骄傲自大，应该就很可以了吧？夫子您觉得怎么样？"孔子耐心开导他说："你说的这种人算是可以了。但是我觉得做人还有更高境界，比如虽然贫穷却乐于行道，纵使身份富贵却能做到谦虚好礼。"子贡听后，茅塞顿开，进一步请教道："《诗》上说'如切如磋，如琢如磨'，说的就是夫子这个意思吧？"孔子听了，感觉此子可教，表扬道："赐啊，我现在就可以和你讨论《诗》了。告诉你一件事，你就能有所发挥，举一反三了。"③子贡听罢，纳头便拜："多谢夫子点拨，我愿终身追随在您的身边。"

① 参见《论语译注·公冶长篇第五》第12章。子贡曰："我不欲人之加诸我也，吾亦欲无加诸人。"子曰："赐也，非尔所及也。"

② 参见《论语译注·为政篇第二》第13章。子贡问君子。子曰："先行其言而后从之。"

③ 参见《论语译注·学而篇第一》第15章。子贡曰："贫而无谄，富而无骄，何如？"子曰："可也；未若贫而乐，富而好礼者也。"子贡曰："《诗》云：'如切如磋，如琢如磨'，其斯之谓与？"子曰："赐也，始可与言《诗》已矣，告诸往而知来者。"

不过，子贡毕竟年轻好胜，有些高傲。有一次孔子看到子贡和几个弟子在不停地指责别人的过失，就直言责备道："赐啊，难道你就事事都做得完美吗？我是不会把时间浪费在这一方面的。"①子贡立即向孔子承认错误，并虚心地请教道："请问夫子，这世上有没有可以让人终身奉行的一句话呢？"孔子想了想，若有所思地说："大概是'恕'吧！自己所不想要的任何事物，就不要强加给别人。"②

从此，子贡一直遵守孔子教诲，克己守礼，得到了越来越多的孔门弟子的赞赏。

亲爱的读者，子贡拜师学道的故事对您也很有启发吧？那么，子贡在孔子门下，是怎样学习进步的呢？请您继续品读子贡"问孝问贤"于孔子的故事。

---

① 参见《论语译注·宪问篇第十四》第29章。子贡方人。子曰："赐也贤乎哉？夫我则不暇。"

② 参见《论语译注·卫灵公篇第十五》第24章。子贡问曰："有一言而可以终身行之者乎？"子曰："其恕乎！己所不欲，勿施于人。"

39　问孝问贤

　　孔子教育弟子，始终把"孝悌"作为道德教化的根本，所以《论语》中谈及孝道的地方特别多，仅是《论语·为政》篇就连续有孟懿子、孟武伯、子游和子夏分别问孝。子贡听了孔子回答弟子关于"孝道"的解答，感觉"孝"就是一个顺从与否的问题，何必需要那么多不同的解释呢？就向孔子请教道："儿子顺从父亲的命令，就是孝顺。这有什么可疑惑的呢？"孔子听后不以为然，教育子贡道："一个家庭，父亲有敢于谏争的儿子，就不至于陷入不守礼法的境地；士人有善于谏争的朋友，就不会干出不道义的事情。因此，能够认真考虑明白自己所以顺从的道理，这才称得上是真孝顺啊！"[①]

　　子贡听后挠了挠头，问："那儿子该怎样向父母进谏呢？"

　　孔子语重心长地解释道："侍奉父母，如果他们有不对的地

————————————

　　① 参见《孔子家语通解·卷第二·三恕第九》。

方，最好是轻微婉转地劝止，看到自己的心意没有被听从，仍然能恭敬地不触犯他们，虽然忧愁，但不怨恨。[①]这才是真正的孝道啊！"

子贡听后，恍然大悟说："我父亲希望我把经商作为主业，我却热衷于跟随夫子您为学从政。即使我不能说服父亲和我一道践行夫子之道，也要尊敬父亲，尽到一个儿子的孝道啊！"

孔子看到子贡为学日进，希望他体悟更多为人臣子的敬贤情怀。有一次，子贡问孔子："当今人臣，谁最贤能？"

孔子答道："从前齐国的鲍叔牙、郑国的子皮，他们最为贤能。"

子贡听后糊涂了，问："那齐国的管仲、郑国的子产，不是更有政绩吗？"

孔子听后点悟子贡说："赐啊，你只知其一，不知其二。你觉得仅自己做事贤能，还是乐于举荐贤人的人更为贤能啊？"

子贡听后，顿悟道："谢谢夫子，弟子明白了。管仲、子产固然政绩斐然，却没有举荐出比自己更为贤能的人才，还是举荐贤能的人更为贤能啊！"[②]

亲爱的读者，读了子贡"问孝问贤"的成长故事，您是否也能在生活、学习中受到有益的启示呢？子贡在孔子门下，又是怎样学习为仁为政之道的呢？请您继续品读子贡"问仁问政"于孔子的故事。

---

① 参见《论语译注·里仁篇第四》第18章。子曰："事父母几谏，见志不从，又敬不违，劳而不怨。"

② 参见《孔子家语通解·卷第三·贤君第十三》。

40　问仁问政

　　子贡师从孔子的学习生涯中，一直对孔子关于"仁"的要求，感觉把握不透。

　　有一天，子贡参加孔子的一次讲学活动，正巧遇到原宪和子张两人向孔子请教"仁"的学问。子贡听到原宪问孔子："请问夫子，什么是耻辱？"孔子回答："君子只在有道国家为官，如果在无道国家为官就是耻辱。"原宪又问："一个人，如果没有好胜、自夸、怨恨、贪欲这些毛病，可以算得上'仁'了吧？"孔子摇摇头，认为这样的人只能算是难能可贵，还不能算仁。[①]

　　子张也向孔子探讨楚国令尹子文和齐国大夫陈文子这两个人的品德境界问题。子张请教道："楚国的子文多次被任命为令尹，又多次被撤销令尹职务，都能心平气和地与继任者认真交

_____

　　① 参见《论语译注·宪问篇第十四》第1章。宪问耻。子曰："邦有道，谷；邦无道，谷，耻也。""克、伐、怨、欲不行焉，可以为仁矣？"子曰："可以为难矣，仁则吾不知也。"

接，这个人可以算得上‘仁’了吧？”孔子没有认可子张的看法，认为令尹子文只能算是忠于职守，算不上仁。子张又请教孔子道："齐国大夫陈文子听到乱臣崔杼弑君后，毫不犹豫地舍弃四十匹马的巨额家产离开齐国，换了好几个国家，都认为那几个国家的执政者与崔杼是一路货色。陈文子可以算得上‘仁’了吧？"孔子还是没有认可子张的观点，认为陈文子只能算得上是不与乱臣同流合污的清高之士。[①]

子贡听罢原宪和子张对孔子的请教后，忽然感悟到孔子对"仁"的见解真谛了，那就是不能仅看这个人的自身道德修养，更要看这个人对百姓、对社会、对国家是否做出了突出的贡献。他联想到过去和子路请教齐国宰相管仲是否仁的讨论，更加坚定了自己的想法。于是子贡守着听课的孔门弟子，向孔子提出了这样一种评判仁者的观点："夫子，我有一个设想：假若有这样一个人，广泛地给人民以好处，又能帮助大众生活得富足，怎么样？可以说这个人是实施仁人之道了吧？"孔子听了拍手称赞道："赐啊，你说得太好了。这哪里仅是仁人之道！这简直达到圣人之道了！就连上古圣明之君尧和舜都难以做到哩！仁德本真之道应该是这样的：自己要站得住，同时也要让别人站得住；自己生

---

① 《论语译注·公冶长篇第五》第19章。子张问曰："令尹子文三仕为令尹，无喜色；三已之，无愠色。旧令尹之政，必以告新令尹。何如？"子曰："忠矣。"曰："仁矣乎？"曰："未知；焉得仁？""崔子弑齐君，陈文子有马十乘，弃而违之。至于他邦，则曰：'犹吾大夫崔子也。'违之。之一邦，则又曰：'犹吾大夫崔子也。'违之。何如？"子曰："清矣。"曰："仁矣乎？"曰："未知；焉得仁？"

活富足，同时也要使自己治下的子民生活富足。你能够就眼下的社会现实，发挥才能一步步去做，可以说就领悟到实践仁道的方法了。"①用孔子的原话说，就是："夫仁者，己欲立而立人，己欲达而达人。"孔子身边的弟子也都为子贡精彩的想法鼓掌称赞起来。从此"己欲立而立人，己欲达而达人"成为衡量一个人仁行的重要标准。

　　鲁国执政大臣季康子非常欣赏子贡的外交才能，孔子归鲁后，子贡接受了季康子聘用，开始参与鲁国外交行政工作。子贡上任前，向孔子请教怎么实施仁政，孔子教导他道："工人要搞好他的工作，就一定要打磨好他的工具。我们每到一个国家，要想实施仁政，就要敬奉那些官员中的贤人，结交那些士人中的仁人。"②子贡听了，明白了孔子教导他的意思。欲为仁政，重要的不是自恃一己之力，而是要感动更多的贤者，众人聚贤共行仁，则仁德、仁政必将惠及更多子民。

　　接着，子贡又开始向孔子请教为政的关键要素。孔子回答："为政关键要素有三，一是粮食要充足，二是军备要充足，三是要让百姓对政府充满信心。"子贡还不满足，继续追问："夫子，

　　① 参见《论语译注·雍也篇第六》第30章。子贡曰："如有博施于民而能济众，何如？可谓仁乎？"子曰："何事于仁！必也圣乎！尧舜其犹病诸！夫仁者，己欲立而立人，己欲达而达人。能近取譬，可谓仁之方也已。"

　　② 参见《论语译注·卫灵公篇第十五》第10章。子贡问为仁。子曰："工欲善其事，必先利其器。居是邦也，事其大夫之贤者，友其士之仁者。"

如果迫不得已，在粮食、军备、政府威信这三者中，一定要去掉一项，应该先去掉哪一项呢？"孔子想了一下，说："可以去掉军备。"求知欲望极强的子贡善于打破砂锅问到底："如果迫不得已，在粮食、政府威信这两者中，一定要去掉一项，应该先去掉哪一项呢？"孔子这次没有犹豫，斩钉截铁地答道："去食。没有粮食，不过是死亡，但自古以来谁都免不了死亡。如果人民对政府缺乏信心，国家是站立不起来的。"最后一句，孔子的原话是："自古皆有死，民无信不立。"子贡听了孔子的分析，激动地赞叹道：""自古皆有死，民无信不立'。夫子真是一语中的啊！赐虽迟钝，也一定要实行夫子的仁政主张。"①自此，子贡不仅深信为政之德重在仁德诚信，同时也坚定了自己诚信经商的信念。

亲爱的读者，子贡对孔子仁学思想的领悟能力，也一定能得到您的认同吧。子贡对同门弟子学习践行孔子之道有哪些独特的感受呢？请您继续品读子贡代表孔子"评点同门"的君子风采。

---

① 参见《论语译注·颜渊篇第十二》第7章。子贡问政。子曰："足食，足兵，民信之矣。" 子贡曰："必不得已而去，于斯三者何先？"曰："去兵。" 子贡曰："必不得已而去，于斯二者何先？"曰："去食。自古皆有死，民无信不立。"

41 评点同门

　　子贡的外公蘧伯玉，在孔子周游列国十四载归鲁后，因思念外孙子贡成疾，百岁之时驾鹤归去。孔子听到蘧伯玉大夫去世的消息，和子贡一样悲痛，第二年仍然嘱咐子贡去拜祭他的外公，并捎去他拜祭蘧伯玉的一份丰厚祭礼。

　　此时子贡已是誉满天下的名人，回归卫国祭拜外祖父，受到了卫国公室的特别关照，卫君派公孙弥牟（即卫国将军文子，下称"文子将军"）全程陪同。

　　文子将军在为子贡送别的宴席上，提出他憋了多日一直最为好奇的问题。他趁着与子贡酒酣耳热之时，态度谦卑地请教道："我听说您的老师孔子对弟子实行教化，先是教给他们有关《诗》《书》的知识，然后用孝和悌的思想引导他们，用仁义说服他们，用礼乐启示他们，使他们成为德行高尚的君子。听说孔门弟子中精通六艺学问的有七十多人，其中谁又是最优秀的呢？"

　　子贡虽然酒至微醺，但受孔子教诲多年，已经比较成熟内敛，听到文子将军发问，虽感突然，却也未能打乱他谨慎为人的信条。子贡很客气地推辞说："您的提问，只有我们的孔老夫子才能回答。请恕我才学浅陋，不知何以作答。"

文子将军有点奇怪："您常常和他们一起学习，您就很贤德，怎么会不知道呢？"

子贡解释道："贤德的人不能对人妄加评论，知道谁贤能就更难了。因此我很难回答您的问题。"

文子将军又请求道："您就在孔子处游学，那请您就直接交往的孔门弟子，向我介绍一下他们的品行吧。"

子贡觉得对方再三相问，难以推辞，思索片刻，庄重地回答："孔门弟子有三千多人，夫子常以弟子德行是否升堂入室评价他们的贤能，外人以此推算出孔门弟子贤能者七十之多。我首先要介绍的，就是长我一岁的颜回。他一直能够早起晚睡，诵读经书，崇尚礼仪，不犯已犯过的错误。如果颜回被明君任用，就会成为君主最得力的辅佐者。我要介绍的第二位，就是被夫子评价'雍也可使南面'[①]的冉雍。他即使身处困境也能矜持庄重如同做客一样，役使臣子如同借用他们的力量一般，不迁怒于别人，不抱怨别人，不记恨旧怨，这就是冉雍的品行。我要介绍的第三位，就是被夫子评价为'衣敝缊袍与衣狐貉者立，而不耻'[②]的仲由。他不畏强暴，不欺负孤寡弱者，说话遵循善良本

---

① 参见《论语译注·雍也篇第六》第1章。子曰："雍也可使南面。"

② 参见《论语译注·子罕篇第九》第27章。子曰："衣敝缊袍，与衣狐貉者立，而不耻者，其由也与？'不忮不求，何用不臧？'"子路终身诵之。子曰："是道也，何足以臧？"

性，居官足以富庶一方，才能足以治理军队。这就是仲由的品行。"

此外，子贡还向文子将军陆续介绍了孔门其他弟子："好学博艺"的冉求，"志通而好礼"的公西华，孝悌信德皆备的曾参，"美功不伐"的子张，"学之深，送迎必敬"的子夏，"独贵独富，君子耻之"的澹台灭明，"先成其虑，动则不妄"的子游、"独居思仁"的南宫绍、"自见孔子，出入于户，未尝越礼"的高柴等孔门贤能弟子。①

文子将军听完子贡的介绍，心里顿时升起对孔门贤能弟子强烈的向往憧憬之情，感慨良久方才说道："先生您所谈论的非常生动准确。您和这些贤能之士，都是可以辅佐诸侯治国理政的栋梁啊！"

子贡回到鲁国向孔子报告了与卫国文子将军交流评价诸多师兄弟的情况。孔子听后点点头，表扬子贡道："赐，你已经懂得人的高下次序了。"

亲爱的读者，读了这则故事，您是否觉得子贡在孔子门下学习成长，越来越成熟了呢？他身为卫人，还机智地解救过卫国君主呢！请您继续品读子贡"解围卫君"的故事。

---

① 本故事参考《孔子家语通解·卷第三·弟子行第十二》。

42 解围卫君

公元前483年，是子贡为鲁国外交奔走忙碌的一年。这一时期，吴王夫差军力强盛，好战争霸，先是大胜楚国，随后打败越国。公元前484年，也就是孔子归鲁的那一年，吴国联合鲁国在艾陵大败齐军，实力剧增，开始与中原传统霸主晋国争霸。

吴王夫差虽然在军事上连连获胜，但是缺乏仁爱之心，既不关心本国百姓疾苦，也不体恤附属诸侯国的纳贡负担，对应当保护的诸侯国横征暴敛，甚至狮子大开口，跟宋国、鲁国、卫国讨要百牢大礼，大大超出了当时献给周天子十二牢大礼的规矩，激起了宋、鲁、卫等国的极大反感。卫国有位将军，面对在卫国朝堂上态度骄横的吴国外交官且（jū）姚，想起吴国对卫国的百牢索求，一气之下将其斩杀，导致吴王把这笔账记在了卫国国君卫出公的名下。鲁国大夫子服景伯向吴国太宰嚭强烈抗议，指出索取百牢是超过周天子礼制的越礼之举。吴国太宰嚭对之不屑一顾，以宋国已经进贡百牢贡礼为据，强令鲁国必须限期缴纳。

这一年的春天，吴国发出照会，要求鲁国国君鲁哀公到一个叫橐皋（tuó gāo）的地方，接受吴国太宰嚭的召见。鲁国季康子对吴国一直既恨又怕，前些年幸亏子贡代替他赴吴觐见吴国太宰嚭，使他免受被召见的屈辱，所以这次他便向鲁哀公极力推荐子贡陪同。鲁哀公也觉得鲁国除子贡外，的确没有更优秀的外交使臣了，于是也欣然同意。子贡陪同鲁哀公见到吴国太宰嚭，马上明白了吴王的意图，原来吴国认为自己保护鲁国抗齐有功，应该再增加鲁国对吴国进贡物资的数量。鲁哀公听了很不高兴，又不好意思当面拒绝，就推脱说回驿馆和子贡商量一下再答复。回到驿馆，鲁哀公询问子贡有无办法推辞吴国的贪心要求。子贡宽解鲁哀公道："吴国虽然表面强大，其实去年已被越国击败过一次，损失不小。吴国这是要把损失于越国的，从鲁国身上找回来。我已经想好对付吴国的策略了。"

第二天，子贡单独觐见吴国太宰嚭，先是送上从鲁国带来的重礼，然后有理有据地对他分析道："我们国君对太宰您是十分敬重的，对于以前签订的进贡盟约，即使鲁国再困难，大臣再反对，也是坚持忠实执行的。所以我们国君认为，盟约已经签订，就应该一直履行下去，不应变动。现在您说要更改盟约，我们对吴国就无法信赖了。请您在吴王面前替我们鲁国多美言一下，我们每年都会想着太宰您对鲁国的关照。越国刚派人联系过鲁国，说是要对鲁国提供支援，我们国君都没敢答应。"吴国太宰嚭听到这里，既喜且忧，喜的是他个人从鲁国得到了好处，忧的是担心鲁国倒向吴国的敌对国越国。于是，他只好答应不再修约。鲁哀公看到子贡维护了鲁国的利益，对子贡更加器重了。

这一年的秋天，吴国召集受其保护的诸侯国到吴国一个叫郧（yún）的地方会盟，鲁哀公还是请子贡陪同出访。吴国也向卫、宋等国发出了参加会盟的照会。卫国国君担心去年杀害吴国使者会遭到扣押，就和卫国行人子羽、大夫子木商量，最终在大夫子木的支持下，卫出公前来参见吴王及其太宰嚭，并态度谦卑地就杀害吴国外交人员道歉，答应赔偿损失。吴王和太宰嚭因为担心越国威胁，不敢对诸侯国过分用强，才算勉强原谅了卫国杀害吴国使者的行为。

吴国召集这次诸侯会盟，向诸侯国提出了增加贡赋的要求。子贡在鲁哀公的支持下，召集卫国和宋国外交官一起商量对策。子贡分析道："过去吴国连年征战，国力空虚。现在吴国遭受越国威逼，想从咱们这些诸侯国得到更多的物资供应。可是咱们给吴国交了比晋国还多的贡赋，已经很困难了。咱们鲁、卫、宋三个有影响的国家要互相结盟，联系越国，让其干预盟会事务，则对抗吴国改盟必成。"这次盟会，在子贡的谋划串联下，终于取得了对抗吴国更改盟约的胜利。

吴王对于所属诸侯国结盟对抗非常恼怒，可又拿宋国和鲁国无可奈何，便拿诛杀吴国使者的卫出公出气，派兵包围了卫出公住处。各国盟会人员等了三天，吴王还没下令撤围。一块跟随鲁哀公前来的鲁国大夫子服景伯既担心又着急，守着鲁哀公对子贡请求道："诸侯会见，盟主礼宾结束，就该互相辞别返程。现在吴国对卫国不遵守礼节，反而围困他们国君的馆舍。我看只有子贡有办法替卫君解难。子贡你何不去见见太宰嚭？"子贡也是卫国人，卫出公过去对他一直十分尊重，所以子贡答应了子服景伯的提议。他带着五匹锦缎拜访太宰嚭，彼此回顾了这次会盟的有趣事情，表达了他对太宰嚭的感谢与钦佩，相谈甚欢。临走时子贡不经意间扯到卫出公被围的事情，太宰嚭敷衍此事说："我王愿意侍奉卫国国君，但是他来晚了，对盟会不敬。我王害怕他心生异志，所以要把他留下。"子贡为他分析道："卫君前来，一定和他的臣下商量过，那些人有的同意他来，有的不同意他来，因此才来晚了。那些同意他来的人，是吴国的朋友；那些不同意他来的人，是吴国的仇人。如果贵国继续拘禁卫国国君，这是毁了朋友而抬高了仇人，那些想毁坏吴国和卫国邦交友谊的人就得逞了。而且贵国会盟诸侯却拘留了卫国国君，以后谁不怕？毁坏了朋友，抬高了仇人，而又让诸侯害怕，也许难以称霸吧！"太宰嚭听后，觉得十分在理，高兴地向吴王转告了子贡的看法，吴王这才释放了卫出公。①

　　亲爱的读者，子贡作为孔门弟子，为鲁国争取了更多的利益；作为卫国人，机智地为陷于困境的卫出公解困，表现出了他的德行与才智。子贡的外交故事还有很多，请您继续品读子贡出使齐国"争归鲁城"的故事。

---

　　① 本故事参考《左传·哀公十二年》。

43 争归鲁城

鲁哀公十五年春季，发生了成邑背叛鲁国的大事。鲁国大夫
孟武伯和他的领地成邑家臣公孙成发生矛盾。公孙成面对孟武伯
咄咄逼人的迫害，为了自保，公然于这一年携领地成邑投靠了齐
国。孟武伯非常愤怒，立即带兵攻打成邑，结果以失败告终，于
是就在离成邑不远的输地修筑城池，和成邑形成对峙态势。因为
此事，鲁国和齐国的外交关系更加紧张了。

成邑叛齐，牵动了鲁国君臣的神经。而此时齐国执政大臣陈
成子，就是鲁哀公十四年杀害齐国国君的那个人，激起了孔子讨
伐乱臣贼子的雄心。孔子向鲁哀公及其三桓大夫提出了讨伐齐国
乱臣的要求，结果鲁国为自保，拒绝了孔子的提议。① 而这位陈

---

① 参见《论语译注·宪问篇第十四》第21章。陈成子弑简公。孔子沐
浴而朝，告于哀公曰："陈恒弑其君，请讨之。"公曰："告夫三子！"孔子
曰："以吾从大夫之后，不敢不告也。君曰'告夫三子'者！"之三子告，
不可。孔子曰："以吾从大夫之后，不敢不告也。"

成子，是一位很有执政策略，很会收买齐国民心的执政大臣，为了巩固自己的统治地位，他想尽快缓和与鲁国的关系。

这一年冬，齐国邀请鲁国派人出使齐国盟约和好。鲁国大夫子服景伯虽然身份较高，但颇有自知之明，知道自己应对外交机智不足，特别向鲁哀公和季康子要求子贡协助。子服景伯在子贡的陪同下来到了齐国，按照孟武伯的嘱托，派子贡约见叛臣公孙成。子贡代表孟武伯劝说公孙成道："咱们都是别人的臣下，您身为鲁国大夫家臣投奔齐国，齐国对您能没有怀疑吗？您是周公的后代，享受着巨大的利益，还做背叛鲁国的不义事情。长此下去，很可能不但利益得不到，反而失掉了母国，何必这样硬撑着呢？"公孙成听后连忙表示歉意道："先生您说得真对啊！我后悔没有早听到您的教诲。"

齐国执政大臣陈成子，在朝堂会见鲁国使者子服景伯和子贡。他以非常友好的口吻对他们说道："我们国君派我向您两位转告，齐国国君愿意侍奉鲁国君主就像侍奉卫君一样。"子服景伯向子贡示意，请他上前一步答礼。子贡于是上前作揖回答："这正是我们鲁国国君的愿望。从前晋国进攻卫国，齐国为了卫国的缘故，进攻晋国的冠氏，丧失了五百辆战车。即使这样，还给了卫国济水以西和禚（zhuó）地、媚地、杏地以南一共五百个村子的土地。吴国人把动乱加于鲁国，齐国乘鲁国困难，占取了谨地和阐地，我们国君因此而寒心。能像卫君那样侍奉齐君，那本来就是我们所希望的。"陈成子和子贡早年就有交往，对于子贡的外交才干十分欣赏，听了子贡言之有据的交涉，对于齐国过去给鲁国带来的伤害表示愧疚悔恨，不仅同意归还侵占鲁国的灌地和阐地，还当场答应了子贡提出的把成邑归还给鲁国的要求。

　　子贡对于鲁国三桓内斗、孔子不被重用，一直耿耿于怀。孔子去世后，子贡就不再担任鲁国外相职务，一边为孔子守墓，一边接受齐国陈成子邀请，参与齐国的重要外交活动。鲁哀公二十七年，越王勾践已经彻底打败吴王夫差，吴王夫差兵败自尽，越王勾践开始争霸。鲁国三桓被迫跟着鲁哀公按照霸主越王勾践的要求，到平阳与过去臣服鲁国的附属国邾国签订城下之盟，被迫退让出了以前侵占邾国的田地。鲁国三桓季康子、孟武伯和叔孙文子对此都非常后悔难过，他们认为要是有子贡参加这次交涉，鲁国君臣就不会遭受如此奇耻大辱。这一年，季康子因此打击，病重抑郁而亡了。①

　　子贡作为孔子晚年最器重依赖的弟子，是怎么率领同门弟子照顾病中的孔子，为孔子送葬守孝的呢？请您继品读子贡为孔子守丧"庐墓六年"的感人故事。

智而善问篇——子贡

133

---

　　① 本故事参考《左传·哀公十五年》《左传·哀公二十七年》。

44 庐墓六年

　　孔子晚年回到鲁国，不再从政，以教化弟子、整理诗乐、编写《春秋》为主要工作。在他生命的最后时光里，主要是子贡、冉求等中老年弟子和子夏、子张、曾参等一班年轻弟子陪伴。

　　子贡是孔子晚年最器重、最喜欢、最依赖的弟子，师徒俩经常进行心灵的沟通。孔子去世那年年初，春寒料峭，有一天他对子贡说："我觉得没有什么可以教导弟子的了。"子贡奇怪地问："夫子您诲人不倦。您若不对弟子谆谆教导，那我们怎么向列国君民去传述你的思想呢？"孔子闭目沉思良久说："赐啊，你听到上天说什么了吗？世间四季照常运行，百物照样生长。你听到上天说什么了吗？"[①]子贡知道老师老了，不觉想起了孔子几年前对

---

　　① 参见《论语译注·阳货篇第十七》第19章。子曰："予欲无言。"子贡曰："子如不言，则小子何述焉？"子曰："天何言哉？四时行焉，百物生焉，天何言哉？"

子路所说的"发愤忘食，乐以忘忧，不知老之将至云尔"①的自我评价，不禁黯然伤心起来。

公元前479年，也就是鲁哀公十六年的春天，孔子病了。此时子贡正在出使南方吴、越等国回来的路上。当听说孔子病重时，他顾不得旅途劳顿，日夜兼程，赶回了鲁国国都。这天早晨，孔子撑着病躯，拖着手杖坐在门口，等待着他最信赖的弟子子贡。当看到奔跑而来的子贡时，他神情悲伤地唱道："泰山要倒了，梁柱要断了，哲人要像草木那样，枯了烂了！"子贡动情地劝说孔子："夫子切莫悲伤，您是我们弟子的泰山和梁柱。泰山倒了，弟子们仰望什么呢？梁柱断了，弟子们依靠什么呢？夫子您安心治病，一定会康复的。"

孔子见子贡来到身边，高兴了许多："赐啊，你怎么来得这么晚？昨夜我梦见自己坐在两楹之间接受祭奠。夏人把灵柩停放在东边的台阶，那是把他放在主人的位置上；殷人把灵柩停放在两楹之间，那是让他处在宾主之间；周人把灵柩停放在西边的台阶，那是把他当作宾客对待。孔丘我是殷人的后代，所以我应该在两楹之间。圣明的君主不出现，那么天下谁能尊崇我的学说呢？我大概活不久了。"

孔子见了子贡后，就病得卧床不起了。子贡和弟子们精心照顾孔子到第七天，孔子去世了。弟子们不知道该为孔子穿什么丧

---

① 参见《论语译注·述而篇第七》第19章。叶公问孔子于子路，子路不对。子曰："女奚不曰，其为人也，发愤忘食，乐以忘忧，不知老之将至云尔。"

服。子贡建议道："从前夫子为颜回办理丧事，如同为儿子办理丧事一样，但不穿丧服，对子路也是一样。现在请大家为夫子服丧就如同为父亲服丧一样，但不必穿相应的丧服。"于是弟子们在子贡的指导下，都穿上吊丧之服，系上麻带。外出的时候，就只系麻带。

孔子去世后，子贡带领弟子们把孔子安葬在鲁国城都泗水边上。棺木埋入地下但不及地下水，坟墓封土为仰斧的形状，高四尺，种植松柏作为标志。弟子们按照孔子的丧礼观念都服满了三年父丧之礼，有的继续在鲁国从政，有的到他处谋求发展。只有子贡对孔子感情最深，继续庐墓三年。

这三年时间，子贡继续整理孔子的学说，接待四方钦慕子贡盛名来访的学者大夫。子贡经常在孔子墓旁，庐屋门前，一次又一次、不厌其烦地向来访的人们宣传孔子的周公礼乐教化学说。子贡后三年为孔子守墓的义举，吸引了更多的鲁国人士迁至孔子墓旁安家。子贡离开的时候，这里已发展到一百多家了，子贡行前为此地取名为"孔里"。[①]

亲爱的读者，子贡的这种尊师美德很值得我们借鉴学习。尊师重教，才能科教兴国。子贡在孔子去世之后，是怎样弘扬儒家学说、推崇孔子在儒学上的至尊地位的呢？请您继续品读子贡力排非议、弘扬孔学的故事。

---

① 参见《孔子家语通解·卷第九·终记解第四十》。

45 弘扬孔学

　　子贡在孔门弟子中是出类拔萃的。子贡比颜回性格豁达，乐学好问；子贡比子路机智乐思，更擅长外交斡旋；子贡比宰予更敬重孔子，从不质疑孔子的学说思想；子贡比原宪更视野开阔，不甘穷居陋巷心安理得，而是经商致富，鼎力支持孔子周游列国，推行周公治国之道。可以说，对孔子事业帮助最大的得力弟子，子贡当推第一。

　　对于子贡传播弘扬孔子学说的巨大贡献，《史记》作者司马迁给予了充分肯定。他在《史记·货殖列传第六十九》中，特别赞赏了子贡弘扬儒学的独特作用：孔门七十多个高徒之中，子贡最为富有。孔子的另一位高徒原宪穷得连糟糠都不够吃，隐居在简陋的小巷子里。子贡却乘坐四马齐头牵引的车子，携带束帛厚礼去访问、馈赠诸侯，所到之处，国君与他只行宾主之礼，不行君臣之礼。子贡的支持，给了孔子莫大的帮助。这就是所谓得到形势之助而使名声更加显赫吧？

　　然而自孔子去世，鲁国政坛就有不少大夫非议孔子的为人与学问。面对这些非难，谨慎胆怯的冉求不敢反击。此时，子贡作为孔子品格与学说的捍卫者，尽显强者风采。子贡力排众议，极力维护并弘扬孔子儒学的至尊地位。他面对卫国大夫卫公孙朝和鲁国大夫叔孙武叔对孔子的不敬和诋毁，给予了强有力的驳斥。卫公孙朝质疑孔子的学问来源，子贡严肃解释并反击道："文王、武王之道，并没有失传，散落在各国文史馆、贤人大夫之中。贤能的人便能抓住大处，不贤能的人只能抓些末节。文王、武王之道遍及天下。我的老师孔夫子何处不可以学习，又为什么要有一定的老师专门传授呢？"①

　　鲁国大夫叔孙武叔诋毁孔子最起劲，而且是借褒扬子贡来贬低孔子。说起这位叔孙武叔，对于子贡才能之所以佩服得五体投地，是有缘由的。原来早在孔子归鲁的那一年，吴国联合鲁国发起了针对齐国的艾陵之战，并获得胜利。叔孙武叔也在子贡辅佐下，带兵参加了这次战斗。战前吴王夫差召见叔孙武叔问："你担任什么职务？"叔孙武叔回答："鲁国司马。"吴王夫差把皮甲和剑铍赐给叔孙武叔，勉励说："你要认真地承担国君交给你的任务，不要废弃命令。"叔孙武叔对于吴王同时赐给他皮甲和剑铍，感觉迷惑不解。因为那时候，一般只有自己国君赐给臣子剑铍令其自尽的礼法。叔孙武叔面对吴王赐给他的这两样物品，心

---

　　① 参见《论语译注·子张篇第十九》第22章。卫公孙朝问于子贡曰："仲尼焉学？"子贡曰："文武之道，未坠于地，在人。贤者识其大者，不贤者识其小者。莫不有文武之道焉。夫子焉不学？而亦何常师之有？"

里十分紧张，一时不知该如何回答。子贡见到这种情况，知道中原列国并无君授外臣剑铍之礼，于是按照当时的礼法，立即拉着叔孙武叔上前，辅助叔孙武叔只接受了吴王的赐甲之恩，替他回禀吴王夫差道："州仇（叔孙武叔名州仇）敬受大王钦赐皮甲，一定跟随着您冲锋陷阵，大破齐军。"说完，子贡带着叔孙武叔向吴王夫差叩头拜谢，接受了赏赐。叔孙武叔素闻吴王夫差脾气暴躁，担心自己失礼招来灾祸，被吓出了一身冷汗。子贡这次为他解围，使他感激涕零，大肆宣扬。[1]

这位叔孙武叔在孔子去世不久，听说子贡要接受齐国聘用离开鲁国，赶忙劝国君挽留子贡："子贡是难得的孔门高徒，出色的外交人才。他的才能在我看来，是大大超越他的老师孔老夫子的。"鲁国大夫子服景伯常与子贡出使诸侯国，对子贡也很佩服。他听说子贡要离鲁赴齐，赶忙来为子贡送行，并且把叔孙武叔"子贡贤于仲尼"的话转告给子贡。子贡并不屑于叔孙武叔贬低孔子、抬高自己的阿谀奉承，非常机智地驳斥道："关于我和夫子的学问，我就拿房屋的围墙来做个比喻吧：我的围墙只有肩膀那么高，谁都可以探望到房屋的美好；孔夫子的围墙却有几丈高，找不到大门走进去，就看不到他那宗庙的雄伟壮观，房舍的丰富多样。咱们鲁国政坛的大夫之辈，能够找着孔学大门的人或许不多吧。那么，叔孙武叔他老人家说出这样的话，也就不让人

---

① 参考《左传·哀公十一年》。

觉得奇怪了。"①

　　子贡对大夫子服景伯说完这些话，觉得还不解气，联想到叔孙武叔近日"毁仲尼"的一系列错误言论，继续进行了掷地有声的批判："景伯大夫，请你和我共同警告那些毁谤孔老夫子的人，不要这样做！仲尼是毁谤不了的。各国所谓的贤者，好比山丘，还是可以超越过去的；仲尼，简直就是天上的太阳和月亮，是没有人可以超越的。那些毁谤仲尼的人，纵是要自绝于太阳和月亮，那对太阳和月亮能有什么损害呢？只是表现了他们的不自量力罢了。"②

　　孔子归鲁的晚年，见过一位向他求学的叫陈子禽的年轻人。孔子感觉年事已高，忙于整理《诗》《书》《礼》《乐》，编撰《春秋》，就把他托付给了自己最信赖的弟子子贡。陈子禽缺乏和孔子实际接触的机会，只能间接了解孔子的博学与弟子们对孔子的尊崇，对孔子在列国诸侯间崇高的威望很好奇，曾请教子贡道："听说夫子每到一个国家，总是能够提前了解这个国家的政事。这种预知本领是他自己求到的呢，还是国君大臣主动告诉的呢？"子贡听后毫不犹豫地解释道："咱们的孔老夫子具备温、

孔门十哲

————

　　① 参见《论语译注·子张篇第十九》第23章。叔孙武叔语大夫于朝曰："子贡贤于仲尼。"子服景伯以告子贡。子贡曰："譬之宫墙，赐之墙也及肩，窥见室家之好。夫子之墙数仞，不得其门而入，不见宗庙之美，百官之富。得其门者或寡矣。夫子之云，不亦宜乎！"
　　② 参见《论语译注·子张篇第十九》第24章。叔孙武叔毁仲尼。子贡曰："无以为也！仲尼不可毁也。他人之贤者，丘陵也，犹可逾也；仲尼，日月也，无得而逾焉。人虽欲自绝，其何伤于日月乎？多见其不知量也。"

良、恭、俭、让的高尚道德，所以才能获得这种威望，具备这种本领。"①陈子禽听后，半信半疑，毕竟没有与孔子师徒交往的切身体验，也就把这种疑问埋在心底了。

陈子禽师从子贡久了，倒是切身感受到子贡超人的学识与睿智，对其佩服得五体投地。特别是在孔子去世后，叔孙武叔"毁仲尼"时，面对子贡对叔孙武叔的驳斥批判，陈子禽小心翼翼地问子贡道："您对仲尼是尊敬吧，是谦逊吧，难道他真比您还贤能吗？"

子贡狠狠地瞪了陈子禽一眼，心想，枉费你跟我为学多年，怎么能产生这种糊涂的认识呢？于是他语重心长地教诲子禽道："请坐下，让我来告诉你：高贵人物由一句话表现出他的聪慧，也由他的一句话表现出他的无知，所以说话不可以不谨慎。孔老夫子他老人家的高贵人品、博大学说的遥不可及，犹如青天在上无法用阶梯爬上去。他老人家如果得国而为诸侯，或者得采邑而为卿大夫，那正如我们所说的——一叫百姓人人能立足于社会，百姓自会人人立足于社会；一引导百姓，百姓自会前进；一安抚百姓，百姓自会从远方来投靠；一动员百姓，百姓自会同心协力。他老人家，生得光荣，死得令人扼腕叹息，怎么能有人赶得

---

① 参见《论语译注·学而篇第一》第10章。子禽问于子贡曰："夫子至于是邦也，必闻其政，求之与？抑与之与？"子贡曰："夫子温、良、恭、俭、让以得之。夫子之求之也，其诸异乎人之求之与？"

上呢？"①陈子禽听了，深深地向子贡拜了三拜，道歉道："弟子实在愚钝，感谢先生您的赐教。我今后一定会遵从您的教诲，永远维护仲尼先师在儒学界的宗师地位。"

亲爱的读者，读了有关子贡受教于孔子、施展才华的这一系列故事，您是否对子贡更加了解、更加喜欢了呢？他虚心学习孔子学问，参悟仁义之道；他才能彰显于外交场合，扬名列国诸侯；他忠心追随孔子周游列国十四年，多次为陷于困境的孔子排忧解难；他诚信经商有道，鼎力支持孔子事业；他在孔子去世后，继续一心维护孔子的儒学圣人地位。笔者真心地希望读者朋友能像子贡与孔子相处一样，尊师重教，推动我国教育事业更加彰显中华优秀传统文化特色。

① 见《论语译注·子张篇第十九》第25章。陈子禽谓子贡曰："子为恭也，仲尼岂贤于子乎？"子贡曰："君子一言以为知，一言以为不知，言不可不慎也。夫子之不可及也，犹天之不可阶而升也。夫子之得邦家者，所谓立之斯立，道之斯行，绥之斯来，动之斯和。其生也荣，其死也哀，如之何其可及也？"

好学博艺篇——冉求

　　季康子问孔子曰："冉求仁乎？"曰："千室之邑，百乘之家，求也可使治其赋。仁则吾不知也。"

——《史记·仲尼弟子列传第七》

挂帅出征

46　力主抗齐

公元前484年春，也就是鲁哀公十一年，鲁国由季康子执政。这一天季康子的执政大厅里聚齐了他的十几名文武家臣。为首的那位，身材高大，面目英俊，神态谦和，正在与其他家臣聆听季康子的问话："现在齐国派出国书、高无邳两员大将率兵驻扎到紧邻我边境的郎地。这是要报去年齐国郎地战败之仇啊！边境战况紧急，该当如何应对？请诸位发表一下高见吧。"

季康子的家臣面面相觑，面露难色，不知如何作答。这时就见为首的那位家臣上奏道："请您和孟孙氏、叔孙氏三家大夫留一家守国都，其余两家随国君去边境抵御，如何？"

季康子听后，感觉如果随国君出兵，必然要由他这位首席执政官前往，留下的一家可能会做出不利于自己的事情，所以摇摇头说："不可以。"

那位家臣继续上奏道："那就请大人您和孟孙氏、叔孙氏一块都跟随国君赴国境抵抗，如何？"季康子赶忙就此征求孟孙氏和叔孙氏两家意见，孟、叔两家为保存各自的实力，还是不同意。

季康子的这位家臣看到自己的两次建议都没成功，脸上现出凝重的神色，鼓足勇气第三次提建议道："既然那两家不配合，就请大人您一人带领军队，打出'不战者非鲁人'的旗号，出兵作战。鲁国各家卿大夫的战车加起来要比齐军队的多，即使您一家的战车也多于这次来犯的齐军，这是不用担心的。现在鲁国是您执政，他们两家不想作战是很自然的。如果齐国人攻打鲁国，您也不出面抵抗，这是执政大臣的耻辱。这就会让鲁国失去和诸侯并列的资格。"

话说到这个份上，也激起了季康子的雄心，他想了想，下定决心说："好。明天请你跟我面见国君，讨论鲁国出兵抵抗齐军入侵大计。"

大家一定会问，鲁国执政大臣季康子的这位家臣是谁呢？他就是孔子在政事领域颇有建树的得意门生冉求。冉求是怎么成为季氏家臣的呢？

原来，季康子的祖上，从季友、季文子、季武子，再到季平子、季桓子，都是鲁国的执政大臣。季康子的父亲季桓子执政时期，在平定家臣阳虎之乱后，赞同鲁定公提议，聘请孔子参与鲁国政事。

孔子在鲁国为政的五年时间，不仅国内治理有方，出台并实施了不少利民措施，壮大了鲁国实力，而且陪同鲁定公和齐景公夹谷会盟，获得了外交胜利，讨回了被齐国占领的城池。这些都是得到季桓子认可的。但是孔子实施他的隳三都、弱三桓、强公室政策，削弱了季桓子的利益。季桓子就借齐国送宝马美女之机离间孔子和国君，取消孔子作为大夫享受祭肉的礼遇，导致孔子离开鲁国周游列国。

季桓子在执政的最后岁月里，深感驱逐孔子是鲁国政坛的一大损失。鲁国失去了孔子及其弟子的支持，国力不升反降，实在是得不偿失。他在临死前，嘱咐接替他位置的儿子季康子说："我此生最后悔的是得罪了孔子，导致他和弟子离开鲁国。要是孔子仍在鲁国辅政，鲁国肯定会比现在强大。我死后你会执掌鲁国政务，一定要把孔子请回来。"

季康子料理完父亲季桓子的丧事后，就召集手下商议遵照父亲遗嘱，迎请孔子回归鲁国辅政。结果，他听信了一个叫公之鱼的家臣的挑拨："主公迎请孔子之事要慎重。令尊重用孔子，没有能够有始有终，被诸侯耻笑。这和孔子为政固执己见是大有关系的。现在您刚上任，就要聘用德高望重的孔老夫子，如果也不能有始有终，就会再次惹人耻笑。"

季康子一听，觉得公之鱼的话颇有道理，自己年轻，孔子年老且德高望重，如果政见不合，难免自己尴尬，于是连忙向公之鱼问计。公之鱼出主意道："主公您可以由聘用孔子改为聘用孔子的贤能弟子，可以派人征求孔老夫子意见，让他给您推荐一位最得意的弟子归鲁辅政，也仍然是尊重了令尊的遗愿，岂不两全其美？"

季康子马上接受了家臣公之鱼的建议，派人赴卫国请求孔子推荐人选。居住在卫国的孔子和子贡商量后，向季康子推荐了他认为好学博艺、年富力强、为人严谨、才华出众的弟子冉求。

冉求归鲁不久，就展示出了他处理政务的出色能力，特别是把季康子的财产管理得清清楚楚，很快获得了季康子的赏识。这次季康子看到冉求能在军事上参谋良策，就更加另眼相待了，所以决定带冉求上朝面君。[①]

亲爱的读者，冉求跟随鲁国执政大臣季康子面见国君，会有什么结果呢？请您继续品读冉求"挂帅出征"抗击齐军的故事。

---

① 本故事参考《左传·哀公十一年》。

47 挂帅出征

　　第二天，冉求跟随季康子来到鲁国宫廷，等待鲁哀公的召见。孟孙氏、叔孙氏两家也来朝见鲁君。孟孙氏没能向季康子问出军事对策，转而悄悄地询问冉求。冉求在其一再催问之下，机智地激将对方："我家大人乃鲁国执政大臣，对国事自然有着深远考虑。不像其他人，只考虑自己一家得失，置鲁国于危险境地而不顾。"孟孙氏也是个血气方刚的人物，红着脸说："你这是说我不是大丈夫啊。好，我也赞同出兵了，马上向国君请战。"季康子听到这里，对于出兵抵抗齐军就更有信心了。

　　不一会儿，季康子带着冉求和孟孙氏、叔孙氏两位大夫，来到朝堂，见到了鲁哀公。鲁哀公知道自己虽有国君名分，却被三桓架空，在国家大事上说话是不算数的，于是开口征询道："几位爱卿，齐国军队已经兵临咱们边境。大家谈谈该当如何御敌吧。"这次孟孙大夫不再像以前那样缩手缩脚地往后躲了，而是胸脯一挺，向鲁哀公表白道："国家有难，匹夫有责。臣愿派自家军队前往御敌。"这倒很出乎鲁哀公的意料，他连忙恭维道："想不到孟孙大夫这次如此勇敢，真可谓是鲁国栋梁啊！"季康子接过鲁哀公的话说："臣作为执政大臣，抗击齐寇入侵，责无旁贷。臣也派出自家军队前往御敌。我的家宰冉求这次一直鼓动为臣出兵，想必已有战胜齐军妙策，所以为臣举荐冉求带兵，统筹指挥孟、季两家军队。"冉求慷慨表态："感谢季氏大夫对我的推荐。近年来咱们鲁国在季氏大夫和国君英明治理下，风调雨顺，国库充实，军械完善。现在齐国出兵无道，恃强凌弱，军无斗志。咱们鲁国保家卫国，众志成城，得道多助，已经得到中原霸主晋国的支持。我对这次出兵抗齐，抱有必胜信心。"鲁哀公听了冉求的分析和表态，虽然对冉求把自己放在季康子之后心里不悦，但对于冉求带兵出战获胜，倒是充满了信心。于是，他高兴地对季康子说："爱卿能有冉求这样的能臣，真是我鲁国之福。就请爱卿与孟孙大夫制定作战方案吧。"孟孙氏对于冉求统筹指挥两支鲁国军队共同对付齐军，虽然表面上没有反对，但私下里却嘱咐他委派的将领孟孺子泄："出兵不要太积极，不要做季氏军队急先锋，以保存实力为上。"这个孟孙氏就是《论语·为政》里向孔子问孝的孟懿子，孟孺子泄就是孟懿子的儿子，又称孟武伯，也向孔子问过孝。结果，孟孙氏父子尚未出兵，就已经埋下了兵败的祸根。

此次出征，孟孙家派孟孺子泄率领右军，季孙家派冉求率领左军。季康子得知樊迟担任冉求车右时，担心地提醒冉求道："车右必是勇力之士，任务是执干戈以御敌，并负责战斗中的军力调整，责任重大。你选樊迟担任车右，他太年轻，恐怕不能胜任吧？"冉求充满信心地解释说："樊迟是我同门，和我同心，年轻勇敢，一定能配合我获胜的。"冉求从季氏军队七千人的甲士中，挑选了三百个武城人作为自己的亲兵，率领一半的季氏军队奔赴郎地驻扎下来，等待右军前来会师。过了五天，孟孺子泄率领的右军才跟上来。冉求看到孟家军缺乏斗志，并不听从自己调遣，便暗暗做好了独自应战齐军的准备。

　　鲁国孟孺子泄率领的右军与冉求率领的左军分别与国书、高无邳两员齐国大将率领的军队在两国边境对阵。鲁国两路大军同时向齐军发起进攻。孟孺子泄率领的右军很快败退，被齐军追得狼狈不堪。

　　冉求率领的左军和孟氏军队不同。在冉求精心研制的战阵抵御下，左军顽强地顶住了齐军的初次进攻，与齐军对峙在稷曲界河。齐军从稷曲继续攻击鲁国左军，鲁国左军好多将领畏战情绪浓厚，不敢过沟反击。冉求作战的信心有点受挫。这时，他的车右樊迟向他提议道："我们鲁国的军队，不是不能勇敢作战，是对您这位未经战阵的统帅缺乏进攻获胜的信心啊！请您反复申明进攻号令，然后身先士卒，带头冲过河沟，则士兵必会跟随在您的身边冲杀齐军。"

　　于是冉求按照樊迟的建议，把进攻作战的号令申明了三次，手持长矛，率先冲锋，越过了河沟。樊迟振臂一呼："鲁国的将士们，齐军无道伐鲁，我们保家卫国必胜。现在统帅已冲锋在前，请跟我向前冲啊！"鲁国左军将士看到大军首领如此身先士卒，也高呼着"保家卫国，杀败齐军，冲啊……"纷纷紧跟着冉求、樊迟向齐军冲杀过去。齐国军队多年没有见过鲁国军队这种不怕死的冲锋场景了，被鲁军突如其来的攻势打蒙了，被冉求所率季氏左军的长矛战术打了个措手不及，溃退三十里，才止住鲁军进攻的势头，重新扎好兵营，挂起了免战牌。

冉求率军出战获胜，消灭了齐军甲士近百人。原来，冉求和樊迟针对齐军重用刀剑作战的特点，采用了长矛作战的战术，使齐军的刀剑在面对鲁国士兵长矛的搏斗中，很难派上用场。到了夜间，鲁军侦探报告说："齐国军队撤退了。"这时，坐镇军中大帐的季康子面露喜色。冉求向季康子提议说："大人，我军应趁齐军溃败慌乱之时，追击歼敌，扩大战果。"季康子却担心地说："深入他国作战，易受敌国百姓骚扰。兵书云：穷寇莫追。我们见好就收吧。"冉求又请求了两次追歼齐军的建议，都被一心想保存实力的季康子挡下了。[1]

亲爱的读者，您也一定会为冉求挂帅出征、出战齐军获胜而高兴吧。那么，冉求获胜回到鲁国后，又向季康子提出了什么重要建议呢？请您继续品读冉求劝说季康子"迎孔归鲁"的故事。

---

[1] 本故事参考《左传·哀公十一年》。

48 迎孔归鲁

鲁哀公接到冉求抗击齐军获胜的战报，非常高兴，连忙约孟孙氏、叔孙氏等大臣一块出席欢迎季康子和冉求得胜回国的欢迎仪式。只是孟孙氏军队这次打了败仗，孟孙氏无颜出门。他很后悔自己不该过分自私，为保存实力不让儿子听从冉求统一指挥，结果吃了败仗。鲁哀公在迎接鲁军凯旋仪式上，看到季康子身后一身戎装、威武雄壮的冉求，禁不住夸奖道："鲁国季氏执政，得保国家稳定发展。今后有冉求辅政，定会协助季氏振兴鲁国军威，再不用惧怕齐国侵犯了。"

再说季康子得胜回国，在孟孙两家面前得意扬扬，在国君面前也有些沾沾自喜。他听了冉求长矛破敌胜策后，对冉求更为欣赏，好奇地问道："你的军事才能，是学来的还是天生的？"冉求率直地回答："我是从孔老夫子那里学来的。"季康子又问："你的老师——孔老夫子，有那么大的能力、那么多的本事吗？"冉求真诚地劝说季康子道："夫子贤能，可谓圣人。用，则必有成；

成，则益百姓。现在咱鲁国有夫子这样的圣人不用，想治好国家，就好像人往后退却想超越前面的人，是不可能的。"季康子下定决心道："那么，我想禀告国君，请他老人家回到鲁国，可以吗？"冉求回答道："可以是可以，就是请您和国君不要再信小人谗言又冷淡他就是了。"于是，季康子禀告鲁哀公后，派遣了公华、公宾、公林三位代表，带着重礼，前往卫国迎请孔子回到了鲁国。可以说，冉求是迎请孔子回国的最大功臣。

冉求在季康子手下辅政，其间他也曾按照子贡嘱托，向季康子提出迎请孔子回归鲁国的建议，季康子并不热心。这次，终于实现了子贡提出的迎请孔子回国的心愿。[①]在冉求的心目中，领军战胜齐军固然可喜，但更令他欣喜的，也是更加获得孔门弟子赞赏的，是他赢得了季康子对他老师孔子的敬重。

公元前484年，也就是鲁哀公十一年，对于孔子来说，是周游列国十四载最得意的一个年份。自己的得意门生子贡，在吴国和鲁国联合战胜齐国的艾陵之战中，立下外交大功。鲁国在吴国的兵力支持下大败齐军，俘虏了国书、公孙夏、闾丘明、陈书、东郭书等将领，俘获革车八百辆，消灭甲士三千。同年，孔子的得意弟子冉求率领季氏军队，为季康子执政抗齐打了一场胜仗。冉求实现了劝说季康子迎请孔子回国的愿望。鲁国一次性委派三位使者赴卫恭请孔子回国，表明了迎请孔子归鲁的殷切意愿。孔子毅然辞别了卫国重臣孔圉（yǔ）（谥号"文"，人称"孔文

---

① 参考《史记·孔子世家第十七》。

子"）的盛情挽留，回到了自己的故乡——鲁国国都曲阜。

孔子回到国都的那一天，曲阜真可以说是万人空巷。迎接孔子回归鲁国的人们，个个喜气洋洋。执政大臣季康子与孟孙氏、叔孙氏三家大臣到城门迎接，鲁哀公亲自走出宫门下阶相迎。孔门弟子颜回、闵子骞、冉雍、宰予、子贡、冉求、子路、子游、子夏、樊迟、有若、子张、曾参、公西华等弟子簇拥孔子左右，真可以说是风光无限了。但见饱经风霜的孔子神色凝重，频频对欢迎他的大臣民众拱手致谢。

孔子在见到鲁哀公的时候，有一种心灵相通的感觉，他和鲁哀公会心地相视一笑，似乎预示着共事必能善始善终。鲁哀公搀扶起跪拜的孔子，谦和地拉着孔子的双手，端详着孔子饱经风霜的睿智脸庞，由衷地感慨道："鲁国有夫子您和阳虎两位智者。阳虎有才无德，野心膨胀，最终落得叛国逃亡的下场。夫子您仁德忠厚，有谦谦君子之风，始终为振兴鲁国率领弟子竭尽全力。今天能够迎请夫子您回国，真可以说是迎回了鲁国丢失的一件国宝啊！我已经征求季氏大臣同意，以国君的名义赐封您'国老'尊号。"孔子向鲁哀公深施一礼，恭敬地回答："孔丘在外漂泊十四载，一直未曾忘却自己的鲁人身份。我如今落叶归根，愿尽微薄之力，与一众弟子为振兴鲁国效力。感谢君上率众大臣、国人对我回国的欢迎盛情。"

亲爱的读者，回到鲁国的孔子已是六十八岁高龄。冉求迎请孔子回国后，和孔子发生了什么故事呢？请您继续品读冉求"婉拒劝谏"的故事。

49　婉拒劝谏

　　孔子回国后，就以"国老"的身份，主要做接受各级卿大夫的国政、外交、推荐新人等方面的咨询工作。鲁哀公、季康子以及诸多卿大夫，都争着向他请教治国理政、礼乐教化、孝悌忠信等方面的学问。

　　有一天，冉求陪同季康子前来向孔子请教治国之道。季康子首先询问孔子对卫国国君的看法。孔子周游列国十四年，有一半以上的时间是在卫国度过的。他和卫灵公相处的时间也有好几年。孔子对季康子评价卫灵公道："卫君宠爱南子，沉溺女色，荒废了国政。唉，我从没有看见像他这样喜欢美貌胜过喜欢仁德的人哩！①卫灵公宠爱弥子瑕这样的小人佞臣，对蘧伯玉这样的贤大夫敬而远之。唉，年老的卫灵公喜爱女色、重用小人、荒废国政，真是昏庸啊！"季康子听了，非常吃惊地问道："卫灵公既

---

　　① 参见《论语译注·卫灵公篇第十五》第13章。子曰："已矣乎！吾未见好德如好色者也。"

好学博艺篇——冉求

155

然如此昏庸，卫国为什么还不败亡呢？"孔子听了，沉思半晌道："卫灵公虽然昏庸，但在国家大事方面，还是一个明白人。他还能重用三位贤臣：让敏而好学、不耻下问的孔圉负责外交事务，让德才兼备、能言善辩的祝鮀管理国家重要祭祀活动，让治军有方、足智多谋的王孙贾统率卫国军队。卫灵公能做到这些，卫国怎么会败亡呢？"[①]冉求听后感叹说："咱们鲁国执政大臣季氏大人一直呕心沥血精心治国，我孔门众弟子也开始大力辅佐，相信鲁国一定会很快强盛的。"

　　孔子回国那年，正是鲁国大败齐国、风头正盛的时候，季康子尤其扬扬自得，向鲁哀公提出去泰山祭祀的要求。孔子非常反感这种违背礼制的做法，认为只有周天子才有祭祀"名山大川"的资格，各国诸侯也只有祭祀管辖范围内山川的权限。季氏是鲁国大夫，去祭祀泰山是明显的"僭越礼制"行为。因此，孔子便让冉求劝谏季康子遵守礼制规定。冉求为难地对孔子表示："季氏执掌国政，常将自己置于国君之上。对于他祭祀泰山彰显执政功德，我已向他提出不妥的劝谏，但季氏对我严厉斥责，责备我不忠于他。"孔子禁不住长叹一声："哎呀！鲁人林放都懂得礼制尊卑不可逾越，没想鲁国最大的权臣，还不如一个普通官员啊！"[②]

----

　　① 参见《论语译注·宪问篇第十四》第19章。子言卫灵公之无道也，康子曰："夫如是，奚而不丧？"孔子曰："仲叔圉治宾客，祝鮀治宗庙，王孙贾治军旅。夫如是，奚其丧？"
　　② 参见《论语译注·八佾篇第三》第6章。季氏旅于泰山。子谓冉有曰："女弗能救与？"对曰："不能。"子曰："呜呼！曾谓泰山不如林放乎？"

孔子为什么拿林放和季康子比较呢？原来，前几天有一位叫林放的鲁国臣工，前来请教孔子关于礼的根本所在。孔子听后很高兴，带着对林放欣赏的口吻教诲道："善哉，你提出的问题意义很重大啊！就礼节仪式的一般情况而言，与其奢侈，不如节俭；就丧事而言，与其仪式上追求周全齐备，倒不如内心真正哀伤。"①

亲爱的读者，冉求还会遭到孔子什么批评呢？请您继续品读孔子认为冉求"非吾徒也"的来龙去脉。

---

① 参见《论语译注·八佾篇第三》第4章。林放问礼之本。子曰："大哉问！礼，与其奢也，宁俭；丧，与其易也，宁戚。"

50　非吾徒也

　　孔子回到鲁国的这一年，鲁国执政大臣季康子想要按田亩征税，增加鲁国三桓的财富收入，派冉求征求孔子的意见。孔子说："我不懂得这个。"冉求第三次来问孔子的时候说："夫子，您是鲁国的元老，众望所归。季氏大臣希望借助您的声望，等着您的意见办事。您为什么就不支持季氏大臣一次呢？"

　　孔子守着冉求的随从，没有正式答复。他把冉求随从支开，私下对冉求说："君子推行国家政事，要根据礼制要求来衡量：施于民众，要力求丰厚；筹划政策，要遵循旧制；收取赋敛，要尽量微薄。如果这样，那么照我看来，鲁国现在收取的田赋也就够用了。如果不根据礼制约束国政，征收赋税贪得无厌，那么虽然按田亩征税，还是会不够的。而且，季氏如果办事能合于法度，那么周公的典章就在那里。如果要满足私欲，一意孤行，我又怎能违背周公制定的仁政之道，助力他在鲁国实行苛政呢？"

　　冉求把孔子的话转告给了季康子，但季康子利欲熏心，没有听从孔子的劝告。孔子对冉求的表现非常失望，如果是他处于冉求的位置，面对季康子这种增加民众负担的"田亩征税"苛政，估计又得第二次周游列国去了。孔子对于冉求附和季康子田亩征税的做法，非常不满，在向弟子们讲学时愤怒地表达了出来："鲁国执政大臣季氏比周公还要富有，可他的家宰冉求，还要替他推行苛政，搜刮民财，增加更多的财富。冉求不再算得上是孔门弟子了。你们大家完全可以大张旗鼓地批判他的非仁政做法了。"①

孔子毕竟已到豁达年龄了，明白如果冉求执意抗拒季康子的做法，只会落得被罢官的结局。这不仅对劝谏季康子无济于事，还会有更加趋炎附势之徒，配合季康子变本加厉地鱼肉百姓、中饱私囊，所以也就理解冉求在季康子家的处境了。冉求呢，对于孔子的批评教诲，一直是虚心接受的，他向孔子检讨道："夫子对我的批评，非常中肯。不是我不喜欢您的学说，实在是我愚钝浅薄，缺乏实施的能力啊！"孔子也表达了对冉求的更大期望："冉求你有为政之才，我一直是很欣赏的。你对我的为政之道常常缺乏推行的勇气。如果是你的能力不够，实施到一定程度才会不知如何进行下去。可我看到的情形是，你往往患得患失，并没有实际的行动。"②

冉求在孔子的殷切教诲下，在辅佐季康子执政期间，为避免鲁国内乱做出了一次很大的贡献。请您继续品读冉求"劝止内乱"的故事。

159

---

① 参见《论语译注·先进篇第十一》第17章。季氏富于周公，而求也为之聚敛而附益之。子曰："非吾徒也。小子鸣鼓而攻之，可也。"

② 参见《论语译注·雍也篇第六》第12章。冉求曰："非不说子之道，力不足也。"子曰："力不足者，中道而废。今女画。"

51 劝止内乱

孔子回国后，冉求为弘扬孔老夫子的治国理念，加强孔门弟子对鲁国政坛的执政力量，向季康子推荐孔门弟子子路，与自己一道为季氏宰。季康子也很欣赏子路的忠勇、仁义名气，立即批准了冉求的提议。子路同时推荐了自己最信赖的学弟高柴（高柴，字子羔）为费邑宰，也得到了季康子的认可。

孔子得知对高柴的任命后，担心宅心仁厚的高柴无法掌控费邑彪悍的民风政局，对前来请安的子路埋怨道："仲由，费邑政局依然动荡。高柴为人温和，恐怕不能胜任吧。"子路心直口快道："夫子不用多虑。费邑那地方有老百姓，有土地和五谷，可以边干边学，为什么一定要先学会为政本领，再去做官呢？"孔子听后不好反驳，便批评子路道："仲由还是改不掉好胜的脾气。我就讨厌像你一样强嘴利舌的人。"①不过事后孔子也觉得，有冉求和子路指点高柴，应该是可以放心的了。

冉求和子路担任季氏宰一年后的一天晚上，他们俩急匆匆赶到孔子住宅，敲开了孔子的大门。他们俩见到孔子，都没来得及行礼，冉求便局促不安地向孔子汇报说："夫子，鲁国马上要出一件大事。季氏大人要讨伐颛臾这个鲁国的小附属国了。我和子路担心鲁国内乱，所以前来向您老人家报告一声。"

孔子听后，感觉既震惊又难解，反问冉求道："颛臾已经得到鲁国前代君主的准许，让他主持东蒙山的祭祀，而且他的国境已经纳入鲁国疆域，是护卫鲁国边境的藩属国，为什么要攻打这里呢？"冉求听到孔子的责问，连忙和子路辩解道："是季氏大人非要这样做，他担心颛臾背叛鲁国。而且颛臾离着季氏大人封地费邑很近，天长日久，会影响费邑子孙的安定。"

孔子听后不以为然，义正词严地反驳道："冉求，你和仲由辅佐季氏，要有自己的为政主见。政见如果得不到实行，可以辞职不干。现在你还为季氏私伐颛臾寻找借口，可见你是贪恋权力，助纣为虐。我听说无论邦国还是封地治理，不用着急财富不够多，而要着急财富分配是否不均；不要担心境内百姓稀少，关键是要保护好境内的平安。国家财富分配均匀，百姓就会和睦团结；封地境内百姓平安，政权就会稳固。做到这些，远方的人还

---

① 参见《论语译注·先进篇第十一》第25章。子路使子羔为费宰。子曰："贼夫人之子。"子路曰："有民人焉，有社稷焉，何必读书，然后为学？"子曰："是故恶夫佞者。"

不来归附，便再修仁义礼乐来吸引他们。他们来了，就要使他们过上安定的日子。”孔子说到这里，停顿了一下，严肃地批评两位弟子道：“如今，冉求你和仲由两人辅佐季氏执政，远方的人没来归附，却没有好的施政之策；鲁国面临齐、楚、晋、吴等强国威逼，已经难以保全，反而支持季氏在鲁国境内使用兵力，真是太不应该了。颛臾是拥护咱们鲁国国君的。我觉得季氏忧虑的不是其子孙的安定，恐怕是要进一步削弱国君的势力吧。[①]螳螂捕蝉，黄雀在后。季氏如果真要这样做，孟氏、叔氏那两位大夫，恐怕不会让他轻易得逞，齐国出兵干预，也是很有可能的吧。你俩回去给季氏说说我的忠告，看看能否促使季氏打消兵伐颛臾的野心。”

冉求和子路听完孔老夫子的分析，顿时不再像刚来时那样惶恐不安，而是充满自信地回去劝说季康子停止偷袭颛臾的计划了。据说孔子让冉求和子路给季康子带话，确实起到了打消季康

---

① 参见《论语译注·季氏篇第十六》第1章。季氏将伐颛臾。冉有、季路见于孔子曰："季氏将有事于颛臾。"孔子曰："求！无乃尔是过与？夫颛臾，昔者先王以为东蒙主，且在邦域之中矣，是社稷之臣也。何以伐为？"冉有曰："夫子欲之，吾二臣者皆不欲也。"孔子曰："求！周任有言曰：'陈力就列，不能者止。'危而不持，颠而不扶，则将焉用彼相矣？且尔言过矣，虎兕出于柙，龟玉毁于椟中，是谁之过与？"冉有曰："今夫颛臾，固而近于费。今不取，后世必为子孙忧。"孔子曰："求！君子疾夫舍曰欲之而必为之辞。丘也闻有国有家者，不患寡而患不均，不患贫而患不安。盖均无贫，和无寡，安无倾。夫如是，故远人不服，则修文德以来之。既来之，则安之。今由与求也，相夫子，远人不服，而不能来也；邦分崩离析，而不能守也；而谋动干戈于邦内。吾恐季孙之忧，不在颛臾，而在萧墙之内也。"

子勃勃野心的作用。季康子也已经收到了孟氏和叔氏对他暗伐颛臾的不满和警告，认为季康子这样做，不管对国君有害与否，单是他们两家，就不能接受，因为这样会使季康子一家力量超过国君和他们两家之和，对鲁国政局平衡有害无利。冉求经过此事，对孔老夫子更加钦佩敬重。子路经过此事，对季康子失去信赖，干脆和高柴同时辞职，一块应卫出公邀请，去卫国施展为政才能去了。

　　亲爱的读者，读了孔子指导冉求制止季康子暗伐颛臾野心的故事，您是否认同孔子这种反对鲁国内乱、仁义治国的理念。接下来，请您继续品读冉求与孔子发生的"请粟风波"的故事。

52　请粟风波

　　孔子有一个小他四十二岁的聪明弟子公西赤，字子华，因此也称公西华，非常富有外交礼仪才能。就在冉求被季康子聘回鲁国的那一年，孔子曾经和子路、曾晳、冉求、公西华一起讨论过人生志向的教育话题。孔子对公西华"愿为小相焉"人生志向的谦虚表达，给予很高的评价："公西赤是一个十分懂得礼仪的人。如果他只能做一个小司仪的话，又有谁可以做大司仪呢？"[①] 冉求非常认同孔子对公西华的评价。冉求作为孔子最贤能的弟子，被季康子派人请回鲁国辅政时，便请求子贡答应，如果能够迎请孔子归鲁，一定要动员公西华跟随孔老夫子回鲁国，他一定会向鲁国君臣举荐，发挥公西华的外交礼仪才华。

　　孔子回到鲁国后，时值齐国田常执政。齐国刚刚败给吴国支持的鲁国军队，经历艾陵之战的失败，所以急于修复与鲁国的关

----

① 参见《论语译注·先进篇第十一》第26章。（曾晳曰：）"唯赤则非邦也与？"（子曰：）"宗庙会同，非诸侯而何？赤也为之小，孰能为之大？"

系。对于鲁国而言，毕竟是齐强鲁弱，所以鲁国必须派得力的使者前往齐国交涉。孔子和冉求一块向鲁国执政者季康子推荐了公西华。鲁哀公和季康子也非常重视公西华的这次使齐外交活动，为了彰显鲁国的国力，为公西华配备了高级服装和车马。冉求知道公西华这次出使齐国时间会比较长，为了让公西华全力以赴地完成任务，他想通过为公西华的老母亲送米让公西华安心。冉求于是前来与孔子商量这件事情。孔子知道公西华这次出使齐国，鲁国君臣非常重视，会给他比较丰厚的俸禄，于是说："公西赤家族比较富有，你就从我这里赠给她母亲一釜小米吧。"孔子说的这个"一釜"相当于六斗四升，约合现在的二百五六十斤。冉求觉得太少，拿不出手，请求再增加一些，孔子便补充道："那就再增加一庾吧。"这个"一庾"相当于二斗四升，约合现在的一百斤。冉求听后，怅然若失，也不好意思说孔子小气，便告别孔子。回到府中，冉求又跟季康子谈了自己想给公西华母亲赠送小米以安其心的想法。季康子和冉求想的一样，为了向公西华老母亲表达国家对她儿子的器重，同意冉求从鲁国粮库拨粮"五秉"送给了公西华的母亲，也就是相当于八十石近万斤小米。

后来孔子知道了冉求的做法，表达了自己的观点："冉求以鲁国国库之粮赠予公西赤的母亲，颇有慷国家之慨替季康子笼络人心之嫌。公西赤到齐国去，坐着由肥马驾的车辆，穿着又轻又暖的皮袍。我听说过君子助人只是雪里送炭，不去锦上添花。[1]

---

① 参见《论语译注·雍也篇第六》第4章。子华使于齐，冉子为其母请粟。子曰："与之釜。"请益。曰："与之庾。"冉子与之粟五秉。子曰："赤之适齐也，乘肥马，衣轻裘。吾闻之也：君子周急不继富。"

冉求听到孔子的评价，也感觉自己做得不那么合适，去探望孔子的时候，做了一番检讨。

晚年回国的孔子，一直保持对弟子的严格要求，虽然常常批评冉求缺乏实施仁政的勇气，但冉求对于孔子的批评指教，却从无不满不悦的表现。他敬重孔子对自己多年的教诲和殷切的期望，因此对孔子一直悉心照顾，常来请安。冉求经常在朝事之后，先去问候孔子再回家。有一次，冉求从朝中办完公务已经是夜里十点多了，还前来给孔子请安。孔子关切地询问道："你今天很累吧，为什么办公回来得这样晚呢？"冉求揉了揉额头，有些疲惫地回答："已近年关，政务繁杂，刚刚忙完。"孔子是政务专家，笑着指点冉求道："你忙的那些事情，只是具体的国事罢了。政务应该是国家政策的制定。我虽然不上朝为君分忧了，但鲁国的政务，我还是会知道的。"①

亲爱的读者，您是否能从孔子和冉求这种深夜交流中，感受到冉求对孔子的那份尊敬和关心，感受到孔子见到弟子深夜问安的那份感动，以及对弟子诲人不倦的师者风范？冉求作为孔子在鲁国从政成绩最出色的弟子，不仅在孔子生前给予殷勤的体贴照顾，而且在孔子丧葬、守孝、建庙等重要事项方面，一直发挥着自己为政鲁国的独特优势。冉求可以说是"冉氏三贤"中，在鲁国政坛发挥作用最大、最长久的弟子了。

---

① 参见《论语译注·子路篇第十三》第14章。冉子退朝。子曰："何晏也？"对曰："有政。"子曰："其事也。如有政，虽不吾以，吾其与闻之。"

耿直忠勇篇——子路

季康子问："仲由仁乎？"（孔子）曰："千乘之国，可使治其赋，不知其仁。"

——《史记·仲尼弟子列传第七》

困厄卫道

53 百里负米

公元前528年夏季炎热的一天下午，鲁国平邑山区一条通往仲村的山路上，有一位十二三岁的少年，背着一个二三十斤重的米袋，正汗流浃背地往回赶路。这个少年瘦弱的身体刚刚开始发育，背着这样一袋米行路百里，的确面临着体能的巨大挑战。他是谁？为什么要百里负米？

这个少年居住在鲁国卞邑一个叫仲村的地方，少年和村子里的大部分人都姓仲，少年名由。

仲由上面有两个姐姐，父母老来得子，对仲由自幼就十分疼爱。仲由并没有因为父母和姐姐对自己的疼爱而任性懒惰，而是抢着干力所能及的家务活，替家人分忧。仲由居住的村庄产谷不种稻，要想吃稻米，就得到五六十里外山北边种水田的白米村以谷换米。

仲由父母很爱吃米，有时候就带着仲由前往换米。后来仲由看到父母年纪大了，从十岁开始就嚷着要独自背谷换米，孝敬父母。到仲由快十三岁的时候，父母看到仲由对背谷换米的线路已经熟悉，就答应了他的请求。

从此，仲由就开始了每月一次的百里负米孝亲行动。同村别的孩子，去个几次新鲜一下，也就怕累退缩了。但仲由不同，他从十三岁开始，一直到拜孔子为师，一直坚持这样做，在乡村邻里赢得了"百里负米"孝亲的美名。随着年龄的增长，仲由负米也从几十斤逐渐增加分量，到二十岁的时候，已经发育成魁梧壮汉的他，可以负米百斤了。

按说仲由孝亲行动本来可以给他带来美好名声的，可是他这几年，却得了一个好勇斗狠的名声。这是怎么回事呢？

原来，仲由还没出嫁的二姐已经出落成一个漂亮的大姑娘了，这引来了邻村几名赖皮光棍的觊觎。仲由看在眼里，气在心里，决心做姐姐的保护神。

于是他凭着多年负米练就的强壮身材，苦练擒拿格斗武艺，并且头插雄鸡毛，身穿熊皮衣，腰佩猪皮匣剑，身背榆木硬弓，常常悄悄跟在姐姐后面，对这几个光棍无赖发出愤怒的警告。

这几个人看到仲由单身一人，年纪尚小，就一哄而上，想给仲由一个下马威。哪知道仲由也是有勇有谋，他把这几个人引到一棵大树下，用事先吊在树上的沙袋砸中了两个无赖，剩下的一个也三拳两脚打趴在地上。

仲由不顾姐姐的劝阻，硬是把这几个赖皮捆绑在大树干上，拷打了他们一天一夜，直到他们告饶，方才放走他们。从此，再没有人敢欺负仲由的姐姐了。乡里的一帮少年仰慕仲由的勇武，遇事常借仲由之名摆平是非。仲由也爱打抱不平，慢慢地成了卞邑的名人。

只是仲由年迈的父母却担心起来，担心儿子好勇斗狠，总会遇到吃亏的时候。他们多么想让儿子走上安分守己的正道啊。当仲由父母听说国都曲阜一个叫孔丘的能人开门办学的消息时，他们悄悄托人向孔丘说情，希望能够收他们的儿子仲由为徒。[①]

亲爱的读者，孔子能够实现仲由父母的愿望吗？请您继续品读仲由"拜师孔子"的故事。

---

① 本故事参考《孔子家语通解·卷第二·致思第八》。

54 拜师孔子

公元前521年，也就是鲁昭公二十一年，孔子三十一岁。春暖花开的一天，孔子宅院门前挂着一份办学告示：鄹人孔丘，字仲尼。自幼喜读《诗》《书》《礼》《乐》，崇尚仁义道德，躬行敬事忠信，愿求志同之士论道，更召欲学君子礼仪者教诲之。

院门大敞，在茂盛的银杏树下，年轻的孔子正在开坛授课。他神态祥和自信，眉宇间闪烁着能看透人心灵的睿智神情。他身前的案几上放着心爱的宝剑，正在为前来听课的弟子们讲《诗》："弟子们，你们一定要多学《诗》！学《诗》，可以激发想象力，可以提高观察力，可以培养合群性，可以学得讽刺方法。往近处说，可以用其中的道理侍奉父母克己尽孝；往远处看，可以用来辅佐君上出使四方；而且还可以多多认识鸟兽草木的名称。"①

　　孔子的听课弟子中，就有一位雄赳赳、气昂昂的勇武青年，他就是今年刚二十二岁的仲由。此时的仲由，已不再是以前头插雄鸡翎毛的勇武猎手打扮，而是身穿长袍、头戴周冕的书生模样了。仲由是怎么成为孔门弟子的呢？

　　原来，孔子对仲由在乡里逞勇斗狠、孝敬双亲的名声也有耳闻。他接到仲由父母托人转来的请托后，就开始琢磨：现在刚刚开始设坛授徒，国人对自己讲学水平半信半疑，若能收服以勇武扬名的仲由做我的弟子，必会收到广而告之的收徒效果。仲由虽因勇武斗狠致其双亲忧郁担心，但却有少年"百里负米"孝亲美名。

　　孔子认为人子若有孝道之心，则必心怀君子仁义之念。于是，孔子便借为季氏管理账目出差之际，带着已经拜他为师的颜路来到卞邑，见到了打扮怪异的仲由勇士。仲由此时一脸不屑，孔子友好地问道："你就是勇敢孝顺的仲由吧？你有什么喜好吗？"仲由回答："我喜好长剑。我肯定能把你打败！"孔子纠正道："我问的不是这个，我是说你很聪明，再加上学习，别人又怎么能赶得上你呢？"仲由却轻蔑地反驳孔子道："南山的竹子，不须煣烤加工就很笔直，削尖后射出去，就能穿透犀牛的厚皮。我本来就很聪明，何必要再去学习呢？"

---

　　① 参见《论语译注·阳货篇第十七》第9章。子曰："小子何莫学夫诗？诗，可以兴，可以观，可以群，可以怨。迩之事父，远之事君；多识于鸟兽草木之名。"

孔子见启发仲由的机会到来了，忙让颜路向他展示一支加工好的利箭，继续点拨他道："如果在竹子箭尾安上羽毛，箭头磨得锐利，箭不是能射得更远更深吗？你只要乐于学习，就不仅仅是勇士，还可以成长为一名义勇兼备、受人敬重的君子。"仲由听后，想了一下，马上明白了学习的好处。在颜路的见证下，他郑重地拜孔子为师，说道："仲由愿拜仲尼夫子为师，一定终生谨遵教诲，誓做治国安邦的正人君子。还请夫子为我赐字。"孔子沉思片刻，建议道："你我有缘在此路相遇，你的父母盼你走人生正路，我更希望你从此走上君子成长之路。你的字就叫'子路'吧。"此后，仲由就取字"子路"了。①

子路父母得知儿子拜孔子为师后，十分高兴，催促着他携带束脩前来聆听孔子讲学。这就是本故事开头大家所见到的，子路和众弟子听孔子讲学的动人情景。

亲爱的读者，据说孔门弟子中，由孔子主动去收服的弟子，唯子路一人，从中可以看出子路忠勇向善的鲜明性格。子路从此一心向学，终身矢志不渝，最终成长为一名流传千古、令人敬仰的正人君子。子路拜入孔门，在跟随孔子赴齐国谋政的路上增长了什么阅历呢？请您继续品读子路"墓前问妇"的故事。

---

① 本故事参考《孔子家语通解·卷第五·子路初见第十九》。

55 墓前问妇

公元前517年，鲁国执政大臣季平子，和一位叫郈昭伯的贵族因斗鸡发生纠纷。郈昭伯受到季平子欺负，跑到宫中向鲁昭公控告季平子。鲁昭公对于季孙氏、孟孙氏、叔孙氏三桓大夫架空国君极其不满，正好以此为借口，发起讨伐季平子的战斗。不料三桓联合向鲁昭公发难，鲁昭公兵败被迫出走齐国。

鲁昭公对于孔子一直十分欣赏，曾在孔子儿子出生时，派人送了一条鲤鱼祝贺。孔子收到鲁昭公派人送来的鲤鱼，非常激动，当即为儿子起名孔鲤。孔子对于鲁国三桓驱赶鲁昭公的恶劣行径极其不满，决心到齐国去寻找施展治国才华的舞台，于是也沿着鲁昭公奔齐的路线，带着颜路、子路、漆雕开等早期弟子，告别妻儿，踏上了前往齐国的路程。

这天傍晚，孔子带领弟子们来到了鲁国和齐国交界的泰山一侧。孔子看到天色已晚，就和弟子们寻找住宿的村落。忽然，远处传来了一位妇人的哭声，听上去哭得很是悲伤。孔子让车停下来，扶着车前的横木听了一会儿，对弟子们说："你们仔细听这妇人的哭声，好像不止一件让她悲痛的事情。"子路摇摇头说："夫子，我只是听着妇人的哭声非常哀伤，她就是为死去的亲人哭泣吧。"孔子示意子路道："仲由，请你上前替大家问问这位妇人哀哭的原因吧。"于是，子路走上前去，对着哀哭的妇人深施一礼，询问道："敢问妇人，您哭得这样悲痛，我们夫子听出您好像有好几件伤心事似的。请问是这样的吗？"

这位妇人听到子路这样的询问，惊奇地抬头看着子路，哽咽地回答："您的夫子说得真对啊！我的确是有好几件哀痛的事情：之前我的公公被老虎咬死了，后来我的丈夫又被老虎咬死了，现在我的儿子还是死在了老虎口中！"孔子听到妇人三位亲人都被老虎咬死，禁不住下车走上前去，非常同情地问道："这位妇人，既然老虎一再地伤害你的亲人，那你为什么不离开这里呢？这里是鲁国和齐国的交界，你可以择国而居啊！"这位妇人听了，黯然伤神片刻，无奈地答道："先生您对我们穷苦民众生活的艰难，还是不够了解啊！不管南边的鲁国，还是北边的齐国，民众的赋税都很重，像我家这样逃进山里谋生的，还有不少人家啊！就是因为山里没有繁重的赋税和徭役啊！"

孔子听后，对这位妇人的悲惨遭遇十分同情，让子路从随行的车上拿下一袋子粮食留给这位妇人说："我们现在能做到的，就是给你这点帮助了。我和我的弟子们这次去齐国，就是要改变这苛政残暴的世道，推行周公仁义德政。"孔子说完之后，就带着弟子们住宿到妇人居住的简陋村落。晚上，孔子在对弟子的晚课讲学中，特别强调道："今天这位妇人的遭遇，给我们为政之道指明了改进方向，那就是必须'为政以德'，减轻民众的负担。民众生活好了，为政者便会像北极星一样安稳，别的星辰都会有序地环绕着它。①你们一定要牢记，苛政猛于虎也！"②

第二天，孔子和他的弟子们带着"反对苛政""为政以德"的执政理念，进入齐国境内，决心取得齐景公信任，在齐国推行周公的仁义德政。

亲爱的读者，子路跟随孔子去齐国谋政的三年时间里，尽管孔子提出的"君君，臣臣，父父，子子"③的为政理念得到了齐景公的共鸣，孔子"政在节财"④的为政策略得到了齐景公的高度赏识，使得齐景公要把尼谿地方的田地封给孔子，可是齐景公要重用孔子的想法，遭到了与孔子政见不合的齐国执政大臣宴婴的反对，孔子没有得到在齐国为政的机会。

亲爱的读者，尽管孔子入齐谋政没有成功，但是他的儒家学说，又吸引了齐国新的弟子拜师求学。子路追随孔子在齐国三年的时间，又取得了哪些进步呢？请您继续品读子路"善问乐行"的成长故事。

---

① 参见《论语译注·为政篇第二》第1章。子曰："为政以德，譬如北辰居其所而众星共之。"

② 参考《礼记·檀弓下第四》。

③ 参见《论语译注·颜渊篇第十二》第11章。齐景公问政于孔子。孔子对曰："君君，臣臣，父父，子子。"公曰："善哉！信如君不君，臣不臣，父不父，子不子，虽有粟，吾得而食诸？"

④ 参考《韩非子·难三》。

56　善问乐行

　　子路刚入孔门的时候，曾满怀热情地向孔子请教："请问夫子，君子最崇尚的是勇敢吗？"孔子听了，告诫他道："君子认为义是最尊贵的，君子只有勇，没有义，就会捣乱造反；小人只有勇，没有义，就会做土匪强盗。"[①]子路听后，欣然向孔子汇报说："感谢夫子指点。仲由我如果像过去那样尚勇斗狠必然会沦为盗寇；必须把'仁义'置于'勇武'之上，才不会离经叛道，才会成长为真正的君子。"

　　子路聆听孔子讲学论"士"，看到子贡、子张等人向孔子问"士"，孔子给予了不同的回答，便也向孔子请教："夫子，请问我怎么样做才可以成为'士'呢？"孔子针对子路性情过于耿直、易与他人争执的不足教诲道："互相批评，和睦共处，就可以成为'士'了。你和朋友之间，要乐于互相批评切磋；你和兄弟之间，

——————

　　① 参见《论语译注·阳货篇第十七》第23章。子路曰："君子尚勇乎？"子曰："君子义以为上，君子有勇而无义为乱，小人有勇而无义为盗。"

要乐于和睦谦让共处。"①子路听后，若有所思地点了点头。从此以后，子路对待各位同门的态度，不再像以前那样急躁了。

　　子路从拜师孔子那一刻起，心中所想的最高努力目标，就是做一名文质彬彬、受人尊敬的君子。一天，子路听到孔子叹道："真正的圣人，我是见不到了。如果能够遇见真正的君子，我就心满意足了。"②于是子路便虚心向孔子请教道："请问夫子，仲由如何才能成为一名真正受人尊敬的君子呢？"孔子教导他说："不断地修养自己，恭敬地开展工作。"子路还不满足，继续追问道："请问夫子，仅仅这样就够了吗？"孔子想了想，进一步教导他说："不断地修养自己，让上层人物各司其职，安康快乐。"子路觉得还不满足，第三次追问道："请问夫子，仅仅这样就够了吗？"孔子看了看子路尚有迷惑的面孔，继续耐心教诲道："不断地修养自己，让百姓们生活安康快乐。"孔子进一步给子路强调道："修养自己，安定百姓，就连上古圣君尧和舜还没有完全做到呢！③仲由如果做到了这一点，那就比君子还要高一级，就要成为圣人了。"子路听了孔子的教诲，挠了挠脑袋，露出了不好意思的神情。从此，子路明白了君子成长的三重境界：修己，

---

　　① 参见《论语译注·子路篇第十三》第28章。子路问曰："何如斯可谓之士矣？"子曰："切切偲偲，怡怡如也，可谓士矣。朋友切切偲偲，兄弟怡怡。"

　　② 参见《论语译注·述而篇第七》第26章。子曰："圣人，吾不得而见之矣；得见君子者，斯可矣。"

　　③ 参见《论语译注·宪问篇第十四》第42章。子路问君子。子曰："修己以敬。"曰："如斯而已乎？"曰："修己以安人。"曰："如斯而已乎？"曰："修己以安百姓。修己以安百姓，尧舜其犹病诸！"

安人，安百姓。

　　子路是孔子为政之道最热心的践行者。孔子对于子路急于行道求果的莽撞做法也给予了告诫："仅仅根据一个方面的申诉，就忙于断案的，我的弟子中大概只有仲由吧？"不过孔子接着表扬子路道："仲由这个人，对于自己许下的诺言，总是言必信，信必行，行必果。从不拖到第二天。"①

　　在闻道乐行方面，子路和冉求都是孔子认为最有"政事"才干的人，他俩的为人个性却形成了鲜明的对比。有一天，孔子正在屋内弹琴唱诗，年轻的弟子公西华在孔子一旁侍立。就见房门砰的一下，被急匆匆赶来的子路推开了。孔子让子路坐下，子路却性急地站着向孔子问道："请问夫子，一个人如果听到一件合于义理的事，需要立刻去做吗？"孔子听了，还是先让子路坐下，慢条斯理地教导子路说："仲由啊，希望你做事不要急于求成。家中有父亲和兄长可以商量，怎么可以不先请教他们，听到了就去做呢？"子路听后立即站起来，躬身谢过孔子，又急匆匆地出门去了。不一会儿，传来几下轻轻的敲门声，公西华开门一看，是孔门多才多艺的冉求。冉求小心翼翼地对孔子说："夫子，您现在方便吗？我有一个问题想向您请教。"孔子带着鼓励的眼神对冉求说："冉求，你多才多艺，一点都不亚于我。有问题就赶快提出来吧。" 冉求带着若有所思的神情问道："请问夫子，听到一件合于义理的事，可以立刻去做吗？"孔子说："求

_____

① 参见《论语译注·颜渊篇第十二》第12章。子曰："片言可以折狱者，其由也与？"子路无宿诺。

啊，你做事缺乏果断。我建议你，事情既然合于义理，听到了应该立刻去做。"冉求听后，好像明白了什么，若有所悟地对孔子深施一礼，拜谢道："多谢夫子教诲。冉求一定按照夫子的教导，分清是非，确立策略，有计划地实施。"说完，他像来时一样慢腾腾走到门外，回身轻轻地把门带上。这时候，在一旁恭候静听的公西华皱紧了眉头，鼓起勇气请教孔子道："请问夫子，刚才仲由问您听到一件合于义理的事，需要立刻就去做吗，您回答有父亲和兄长可以商量，怎么可以听到了就去做呢。冉求问您同样的问题，您回答听到了应该立刻去做。他们向您提出同样的问题，您却给他们相反的教导，我感到迷惑，所以大胆地向您请教这是什么缘故呢？"孔子笑眯眯地回答："冉求畏缩不前，所以我鼓励他进取；仲由好勇过人，所以我提醒他退让些。"①

亲爱的读者，您读了子路这些"善问乐行"的成长故事，一定会感受到子路对孔子教诲的虔诚学习态度吧。那么，子路在孔子门下学习，树立了什么样的人生志向呢？请您继续品读子路"坚定志向"的故事。

---

① 参见《论语译注·先进篇第十一》第22章。子路问："闻斯行诸？"子曰："有父兄在，如之何其闻斯行之？"冉有问："闻斯行诸？"子曰："闻斯行之。"公西华曰："由也问闻斯行诸，子曰，'有父兄在'；求也问闻斯行诸，子曰，'闻斯行之'。赤也惑，敢问。"子曰："求也退，故进之；由也兼人，故退之。"

57　坚定志向

孔门弟子性格各异，有的含蓄，有的乖巧，有的诚挚，有的耿直。子路可以算是孔门弟子中的耿直豪放派了。他从不喜欢掩饰自己的心思，总是抢着向孔子表达自己的见解。

有一天，颜回和子路一起陪同孔子讨论礼乐教化之道。谈到后来，孔子便提议他们谈谈各自的志向。孔子看到颜回还在思考，便把目光转向子路。

子路豪迈发言道："我愿意把自己的车马衣服和朋友共同使用，即使有所损坏，也不会有什么不满。"孔子点点头道："好男儿与朋友相处，舍财取义，真是大丈夫呀。"

颜回看到孔子的目光又转向自己，便谦虚地回答："我愿意不夸耀自己的长处，不表白自己的功劳。"

子路在颜回回答后，直爽地询问孔子的志向。孔子道出了自己的追求："我的志向是，让老人生活安康，让朋友信我学说，让年轻人听我教诲。"①

　　孔子对于子路一贯不计较衣着饮食的豪爽性格，颇为欣赏，曾当着众弟子的面夸奖子路道："我的众多弟子中，穿着破烂的旧丝绵袍和穿着狐貉裘的人一道站着交谈，能够不觉得惭愧的，恐怕只有仲由吧！《诗》上说：'不嫉妒，不贪求，有什么行为不会好？'"孔子引用的《诗》原句是"不忮（zhì）不求，何用不臧"。

　　子路听到孔子对自己的表扬，非常高兴，天天对同门弟子念叨这两句诗。孔子看到可爱的子路这样的表现，担心子路骄傲自满，告诫子路道："由，君子之德，非只如此。你仅仅满足于此，怎么继续进步呢？"②

　　子路好勇，这是他的本性；子路想做君子，这是他的追求。子路和子贡、颜回跟随孔子北游农山言志的时候，便对率军征战充满了向往，希望自己能在战场上冲锋陷阵："我率领的队伍，要手持像月亮一样洁白的帅旗，挥舞像早晨的太阳一样鲜红的战旗，让敲击战鼓的声音响彻云霄，让旌旗迎风飘扬。我要率领这样一支勇敢威猛的军队攻地千里，所向无敌。"子路认为这一点

---

　　① 参见《论语译注·公冶长篇第五》第26章。颜渊季路侍。子曰："盍各言尔志？"子路曰："愿车马衣轻裘与朋友共敝之而无憾。"颜渊曰："愿无伐善，无施劳。"子路曰："愿闻子之志。"子曰："老者安之，朋友信之，少者怀之。"
　　② 参见《论语译注·子罕篇第九》第27章。子曰："衣敝缊袍，与衣狐貉者立，而不耻者，其由也与？'不忮不求，何用不臧？'"子路终身诵之。子曰："是道也，何足以臧？"

只有他能够做到。孔子听了子路豪迈志向的表白，发出了"勇哉"的赞赏。[1]

可以说"好勇"是贯穿了子路一生的特点。子路跟随孔子周游列国，在卫国的时间最长。那时的孔子已经六十岁了。不过孔子却仍志向不改而上下求索，在卫国不能从政，他就继续开展最擅长的教化弟子的工作。

有一天，子路和曾晳、冉求、公西华四名弟子一块聆听孔子讲学。这一天讲学快结束的时候，孔子对这四名弟子说："我年龄比你们大一些，你们不要因为我年长而不敢说。你们平时总说：'没有人了解我呀！'假如有人了解你们，那你们要怎样去发挥自己的才智呢？"

面对孔子的提问，曾晳继续鼓瑟，冉求、公西华则在思考如何应对。这一次，还是子路第一个回答。这时的子路已经五十一岁了，但他仍然壮心不已，抢先答道："一千辆兵车的国家，局促地处于几个大国中间，外面有他国军队要入侵，国内又遇到饥年灾荒。即使这样的国家同时面对这三大困难，我也不怕。我去治理这样的国家，给我三年时间，就可以使国人充满勇气，百姓也懂得忠信孝悌的道理。"[2]

---

[1] 参考《孔子家语通解·卷第二·致思第八》。

[2] 参见《论语译注·先进篇第十一》第26章。子路、曾晳、冉有、公西华侍坐。子曰："以吾一日长乎尔，毋吾以也。居则曰：'不吾知也！'如或知尔，则何以哉？"子路率尔而对曰："千乘之国，摄乎大国之间，加之以师旅，因之以饥馑；由也为之，比及三年，可使有勇，且知方也。"夫子哂之。

虽然孔子哂笑子路治国不够礼让谦虚，但他在与鲁国大夫孟武伯的交谈中，仍然特别肯定了子路的治国才能："仲由这个人是很有政务才能的，如果有一千辆兵车的国家，就可以叫他负责兵役和军政工作。"①

亲爱的读者，子路不仅敢于言志，而且在追随孔子周游列国的岁月里，不怕困苦险恶，始终坚持孔子推行周公之道的信念。请您继续品读子路追随孔子"困厄卫道"的故事。

① 参见《论语译注·公冶长篇第五》第8章。孟武伯问子路仁乎？子曰："不知也。"又问，子曰："由也，千乘之国，可使治其赋也，不知其仁也。""求也何如？"子曰："求也，千室之邑，百乘之家，可使为之宰也，不知其仁也。""赤也何如？"子曰："赤也，束带立于朝，可使与宾客言也，不知其仁也。"

58　困厄卫道

孔门弟子中，挨孔子批评最多的，是子路；敢于直接对孔子表达不满的弟子，也是子路。

这也许是因为子路仅比孔子小九岁，也非主动投奔孔门，而是受到孔子点化，才拜师孔子学习君子之道的。加之他生性耿直，不善恭维，因此在孔门众多弟子中，只有子路与孔子形成了这种亦师亦友的特殊关系。

孔子周游列国，子路一方面贴身相随，以命护卫，从未退缩，另一方面他对孔子学说不被列国诸侯认同也深感困惑。这也并非子路一人感受，而是孔门许多弟子的迷惑与抱怨。子路作为孔子的杰出弟子，更多的承担代言人的职责。

比如孔子在陈蔡围困时期，断绝粮食长达七日之久，跟随的弟子们都饿病了，爬不起来。子路面对这种困境，带着很不高兴的神色去问孔子："夫子，我们都受您教诲，学做君子。君子应该是人见人敬的，竟然也有困窘得毫无办法的时候吗？"孔子泰然答道："君子行道穷困是难免的，气节志向会坚持不变；小人追逐衣食富贵，遇到穷困便无所不为了。"①子路听后恍然大悟，立即出门帮助孔子做通了其他发牢骚的弟子的思想工作。

子路虽受孔子批评最多，却是孔门学说最坚定的护卫者，孔子对此深信不疑，曾对弟子们说过这样的话："周公治国大道，看来是得不到列国君主实行了，我真想坐着木筏到海外寻找明君。我的弟子们，能够坚定跟随我的，恐怕只有仲由吧？"遗憾的是，子路听到孔子对自己的欣赏，又在同门中沾沾自喜起来。

孔子这次也不客气，当着弟子们的面，批评告诫子路道："仲由这个人，比我好勇逞强。仲由如果只是对此沾沾自喜，这样发展下去，我看他就没有什么可以令人学习的了。"②子路就是在孔子这一次又一次的教诲中，坚定了对孔子学说的信仰，使他在危难时刻，坚定地护卫着孔子。

在通往卫国的古道上，孔子脱困于匡，率弟子急匆匆驾车前行。子路仗剑步行殿后，把所有危险都留给了自己。渐渐地，孔子车队渐行渐远；渐渐地，子路只能循着车队的辙印慢慢前行。

夕阳西下，晚霞满天，赶了一天路的子路太疲惫了。他在路边遇到一位耕田的老者，连忙拱手问道："请问老丈，您见到我的老师孔老夫子了吗？"

---

① 参见《论语译注·卫灵公篇第十五》第2章。在陈绝粮，从者病，莫能兴。子路愠见曰："君子亦有穷乎？"子曰："君子固穷，小人穷斯滥矣。"

② 参见《论语译注·公冶长篇第五》第7章。子曰："道不行，乘桴浮于海。从我者，其由与？"子路闻之喜。子曰："由也好勇过我，无所取材。"

老者头也不抬地回答："你这个人，四肢不劳动，五谷分不清，谁晓得你的老师是什么人？"说完继续拄着拐杖锄草。聪明的子路听话听音，判断老者一定见到过孔子过去的车队了，于是拱着手恭敬地站着。

老者见子路彬彬有礼，便劝勉道："他们往西去了。天色已晚，请在我家住一晚，明日再行吧。"于是老者领子路到他家住宿，杀鸡做饭招待，并叫他的两个儿子出来相见。

第二天，子路赶上了孔子，报告了这件事情。孔子告诉子路："这是一位隐者啊。"孔子让子路返回去看看那位老者，子路回去后，却发现老者已经离开了。

子路此时并未被磨难所动摇，而是更加坚定了追随孔子的志向："不出仕是不合道义的。长幼之间的礼节，是不可以废弃的；君臣之间的忠义，怎么可以抛弃荒废呢？你原本不想玷污自身而隐居不仕，却不知道这是抛弃了君臣治国的大义。君子出来做官为政，为的是尽到造福于民的责任。至于夫子的政治主张不被列国君主采纳，这是我已经知道的了。"①

子路自孔子五十五岁那年开始周游列国，就毅然放弃季氏家

---

① 参见《论语译注·微子篇第十八》第7章。子路从而后，遇丈人，以杖荷蓧。子路问曰："子见夫子乎？"丈人曰："四体不勤，五谷不分，孰为夫子？"植其杖而芸。子路拱而立。止子路宿，杀鸡为黍而食之，见其二子焉。明日，子路行以告。子曰："隐者也。"使子路反见之。至，则行矣。子路曰："不仕无义。长幼之节，不可废也；君臣之义，如之何其废？欲洁其身，而乱大伦。君子之仕也，行其义也。道之不行，已知之矣。"

宰的高官厚禄，一直护卫在孔子身边，受过陈蔡七日绝粮之困，遭遇匡人五日围堵，愈挫意志愈坚，更加坚信孔子的教诲："君主不经受危难，就不能成就王业；刚烈之士不经受困顿，他们的品行就得不到显扬。怎么知道不是在困厄之时，他们才开始发愤励志的呢？"①

　　亲爱的读者，子路这种跟随孔子历尽磨难、志向不移的品质，的确值得我们学习。那么，子路作为孔子的忠诚弟子，在孔子多年失意的岁月里，提出了哪些忠告呢？请您继续品读子路"忠谏孔子"的故事。

---

　　① 参考《孔子家语通解·卷第五·困誓第二十二》。

59 忠谏孔子

子路比孔子小九岁，年龄相差不大，与其他弟子对孔子恭敬有所不同，他与孔子是亦师亦友的关系。一方面，子路笃信孔子学说，极力维护孔子威望；另一方面，对于孔子所做的不妥的事情，也敢于直言相告，大胆进谏。

孔子快五十岁的时候，尚未在鲁国出仕。季桓子刚刚承袭父亲季平子鲁国执政大臣的职位。他的家臣公山不狃图谋不轨，逃到鲁国费邑反抗季桓子，就想利用孔子来替他壮大声势。孔子有点动心了。弟子们对于孔子的态度议论纷纷。子路代表大家向孔子表达了心声："夫子，没有地方去便算了，为什么一定要去公山氏那个叛臣那里呢？"孔子与子路交流道："那个请我去的人，难道是白白召唤我吗？假若有人用我，我将使周文王、周武王之道在东方复兴。"也许正是因为子路代表众弟子忠谏吧，孔子心里更矛盾了，终究是没有去。鲁定公和季桓子见孔子终究没有去公山不狃那里，觉得孔子还是拥护鲁国当权派的，于是就任命孔子为中都宰。①

　　五年后，孔子受到季桓子排挤，来到了卫国。孔子无法获得卫灵公重用，在离开卫国脱离匡地围困后，想到晋国去施展自己的为政之道。当孔子带领弟子们来到黄河边的时候，晋国执政大臣赵简子杀害了贤臣窦犫，这给想去晋国的孔子泼了一瓢冷水。这时赵简子的家臣佛肸趁着主人与别的贵族混战，趁机占据晋国的中牟搞起独立来了。佛肸知道孔子因为赵简子滥杀贤臣而失望，便派人前来聘请孔子。孔子这一次又动心了。可是一直接受孔子"名正方能言顺"理念的弟子们，尤其是耿直忠勇的子路，仍然一如既往地向孔子直言道："从前我就听到夫子教诲：'亲自做坏事的人那里，君子是不去的。'如今佛肸盘踞中牟作乱，您却要去，怎么说得过去呢？"孔子这一次对子路的"忠谏"没有否认，只是表达了他时不我待的迫切心情："对，仲由，我是说过这样的话。但是，你不知道吗，最坚固的东西磨也磨不薄，最白的东西染也染不黑。你们的夫子难道是匏瓜吗？哪里能够只是被悬着而不给人食用呢？"这一次也正是因为有了子路的直言忠谏，孔子最终放弃了去中牟的想法，又率领弟子们回到了卫灵公那里。②

----

　　① 参见《论语译注·阳货篇第十七》第5章。公山弗扰以费畔，召，子欲往。子路不说，曰："末之也，已，何必公山氏之之也？"子曰："夫召我者，而岂徒哉？如有用我者，吾其为东周乎？"
　　② 参见《论语译注·阳货篇第十七》第7章。佛肸召，子欲往。子路曰："昔者由也闻诸夫子曰：'亲于其身为不善者，君子不入也。'佛肸以中牟畔，子之往也，如之何？"子曰："然，有是言也。不曰坚乎，磨而不磷；不曰白乎，涅而不缁。吾岂匏瓜也哉？焉能系而不食？"

正是这次返卫，才发生了让后人众说纷纭的"子见南子"的故事。这位南子，原是宋国美丽的公主，与宋国美男子公子朝青梅竹马，成为恋人。但宋国国君为了国家利益，执意把南子嫁给了年老的卫灵公。由于南子对自己相爱的公子朝不能忘怀，嫁到卫国后还与他保持着联系，所以名声不好。卫灵公对美丽而又聪明的南子非常宠爱，在好多事情上言听计从。南子为了扩大自己在卫国政坛的影响力，决定单独召见孔子，显示她对孔子的影响力。孔子素知南子名声不好，带领弟子们到达卫国后，对南子是唯恐避之不及的。现在南子要单独召见孔子，无论成功与否，都势必有损孔子的贤德名声。孔子面对南子的再三召请，只好勉为其难觐见了一次。

《史记·孔子世家第十七》是这样记述"子见南子"的情景的：卫灵公有个叫南子的夫人，派人对孔子说："各国的君子，凡是看得起我们国君，愿意与我们国君建立像兄弟一样交情的，必定会来见见我们南子夫人。南子夫人也愿意见见您。"孔子开始还推辞一番，最后不得已才去见她。南子夫人坐在葛布做的帷帐中等待。孔子进门后，面朝北叩头行礼。南子夫人在帷帐中拜了两拜，她披戴的环佩玉器首饰发出了叮当的响声。事后孔子说："我本来就不愿见她，现在既然不得已见了，就得给她行礼。"

孔子从南子那里回来后，发现子路对此很不高兴，就对子路发誓说："仲由啊，我去拜见南子夫人，只是礼尚往来而已。我假若做了什么不对的事情，上天一定厌弃我！上天一定厌弃我！"①据说"子见南子"事情发生不久，卫灵公与夫人南子同坐一辆车子出行，南子为了显示对孔子的友好，特意让卫灵公邀请孔子同行。卫灵公知道这样安排是不合礼仪的，是把孔子当成了国君的内侍随从，对孔子是有失尊重的，但为了南子夫人高兴，还是照着南子的话去做了。孔子坐车跟在卫灵公和南子车子后面，在国都街市上招摇过市的时候，深感羞愧地感慨道："我见识过多国国君，还未曾见到卫君这样喜爱美貌胜过喜爱道德的人啊！"②于是，孔子就和他的弟子们又离开卫国，往曹国去了。

　　亲爱的读者，子路虽然未能像孔子期望的那样收敛锋芒，隐忍克己，但却耿直忠勇，致力于为政造福民众，深受孔子赏识，成为孔门弟子中的铮铮铁汉。请您继续品读子路治蒲获得孔子赞赏的故事。

①　参见《论语译注·雍也篇第六》第28章。子见南子，子路不说。夫子矢之曰："予所否者，天厌之！天厌之！"
②　参见《论语译注·卫灵公篇第十五》第13章。子曰："已矣乎！吾未见好德如好色者也。"

60　治蒲获赞

　　孔子在卫国期间，虽然不能得到卫君重用，却也不失卫国重要参议身份。卫君对孔门弟子的才能，还是非常欣赏的。出身卫国的子贡，就常常参与卫国的外交活动，出身温地的子夏还被孔子推荐，做了卫国的"小行人"，也能常常陪同卫国国君出国访问。

　　话说卫国有个叫蒲的地方，曾发生过叛乱。卫国平定蒲地叛乱后，当地仍有不少顽固分子扰乱社会秩序。卫君就请孔子向他推荐一位得力弟子，前往治理蒲地民众。孔子觉得子路能武能文，是最合适的人选，就向卫君推荐了子路。

　　子路被任命为蒲邑宰，临行前虚心向孔子请教如何为政。孔子指导子路道："你要给百姓带好头，然后让他们勤劳地工作。"子路请求孔子再多指导一下，孔子又嘱咐道："你要持之以恒，永远不要懈怠。" ①

---

　　① 参见《论语译注·子路篇第十三》第1章。子路问政。子曰："先之劳之。"请益。曰："无倦。"

子路针对蒲邑的复杂情况继续请教孔子道："蒲邑勇士众多，难以治理。我希望从夫子您这里得到教诲。"孔子教导他说："对人谦恭尊敬，可以慑服那些勇士；为人宽厚正直，可以怀柔强悍的人；待人仁爱宽恕，可以容纳穷困的人；处事温和而又果断，可以制服奸邪的人。如此推行施政措施，就可以治理好蒲邑了。"①

子路按照孔子的指点，以身作则治理蒲邑。他为了治理水患，率领民众修建沟渠。当看到民众劳动繁重辛苦时，为了表彰他们，子路就用个人俸禄给每人发了一箪饭食、一壶汤水。孔子听到这个消息，赶忙派子贡前往制止。

子路很不高兴，就去拜见孔子说："我看到民众修水渠缺粮挨饿，就用自己的俸禄给他们分发点食物，敢问夫子，您为什么派子贡来阻止我这样做呢？"

孔子善意提醒子路道："仲由啊，你以个人俸禄为善民众，国君会怎么想？如果民众缺粮挨饿，你应该先请求国君发粮救济民众才是啊！如果你总是对民众施加个人恩惠，早晚会被国君以不忠罪名定罪的。"子路听后，恍然大悟，更加将孔子的教诲谨记于心。

子路按照孔子的教诲治理蒲邑两年后，获得了巨大的成功。孔子听说后前往巡视。孔子刚进入蒲界即赞道："好啊！仲由恭敬而讲诚信。"进入城邑又赞道："好啊！仲由忠信而敦厚。"到

---

① 参考《孔子家语通解·卷第二·致思第八》。

了子路的官署，孔子第三次赞道："好啊！仲由明察而果断。"

陪同的子贡疑惑不解。孔子解释道："进入蒲地，我看到田地整治无荒地，沟渠开挖无旱田，说明仲由为政恭敬诚信，民众全力劳作；进入蒲邑，我看到城墙房屋坚固，树木茂盛，说明仲由忠信敦厚，民众不懈怠懒惰；进入蒲地官署，我看到官署内清静悠闲，手下都听从命令，说明仲由明察而果断，处理政事毫不烦劳。由此看来，即使三次称赞仲由的为政业绩，哪里能够概括全他好的方面呢？"①

亲爱的读者，子路不仅发挥自己的才干，为政造福百姓，而且一直期盼孔子能够受到诸侯重用，带领弟子们做出一番辉煌的事业。请您继续品读子路和孔子"居卫论道"话正名的故事。

---

① 参考《孔子家语通解·卷第三·辩政第十四》。

61　居卫论道

　　孔子在卫国时，卫灵公只是看重孔子的名声，并不认同孔子的治国理念，所以一直没有重用孔子。后来，卫灵公的太子蒯聩（kuǎi kuì）刺杀夫人南子未遂，吓得逃到了晋国。卫灵公死后，出逃在外的太子蒯聩和他仍在卫国的儿子辄（zhé）都想继位。南子的儿子郢（yǐng）不想介入卫国君位继位之争，于是蒯聩的儿子辄抢先继位为国君，这就是"卫出公"。

　　卫出公刚即位的时候，还想重用孔子，于是拜托孔子最信任的弟子子路、子贡和冉求前来征询孔子施政之策。子路非常高兴，带着子贡和冉求一块兴冲冲地来找孔子报喜："夫子您好。现在卫君已经继位，非常敬重您老人家。他让我们三人前来向您请教治理卫国之策。请您说说，治理当下的卫国，首先该从哪里着手呢？"孔子沉思半晌，郑重其事地对子路说道："卫国君位刚刚交替，我觉得首先要正定名分吧。"子路听了孔子的话，大大出乎自己的意料。他觉得应该赶快推出教化百姓、强大军队之策，绝没想到孔子会是这样的思路，非常不屑地脱口而出："我的老夫子，你的迂腐竟到如此地步了吗？新任卫君已经继位，又有什么名分需要正定呢？"

孔子和子路历来直来直去，对于子路如此粗野，也毫不客气地守着子贡和冉求训斥道："仲由，你怎么能这样鲁莽！我来告诉你，赐和求也一块听着：君子对于他所不懂的，一定要采取保留态度。名分不正，就不能对外言之成理；名分不能言之成理，行动措施就不可能搞好；行动措施不能搞好，国家的礼乐制度也就举办不起来；礼乐制度举办不起来，刑罚也就不会得当；刑罚不得当，百姓就会惶恐不安，手足无措。所以君子治国，一定要符合周公礼乐之道，言之成理；言之成理，政策措施就会行得通。君子对于自己所说的每一句话，不可以有一点马虎！你们三位弟子，回去好好想想我对你们说的这番话吧。你们在卫国从政，要抓住为政的根本，不可不谨慎啊！"①

子路、子贡和冉求从孔子屋里出来，面面相觑，不知如何去回复卫出公。冉求不解地问道："刚才咱三人都听了夫子'名正言顺'的教导，可是你们两人听出咱们的夫子赞成卫君吗？他会出来辅佐卫君吗？"子路听了，摇摇头。还是子贡聪明，安慰

---

① 参见《论语译注·子路篇第十三》第3章。子路曰："卫君待子而为政，子将奚先？"子曰："必也正名乎！"子路曰："有是哉，子之迂也！奚其正？"子曰："野哉，由也！君子于其所不知，盖阙如也。名不正，则言不顺；言不顺，则事不成；事不成，则礼乐不兴；礼乐不兴，则刑罚不中；刑罚不中，则民无所错手足。故君子名之必可言也，言之必可行也。君子于其言，无所苟而已矣。"

他们两人道："你俩不要着急，我进去问问夫子的意思。"于是子贡再次进到孔子屋里，问孔子道："请问夫子，伯夷、叔齐是什么样的人？"孔子答道："他们都是古代的贤人。"子贡进一步追问道："他们两人互相推让，都不肯做孤竹国的国君，结果都跑到国外，是不是后来又怨悔了呢？"孔子坚定地答道："伯夷、叔齐，他们追求仁德，便得到了仁德，又怨悔什么呢？你们都要以他们为榜样，做忠信仁义君子。"[①]子贡感谢孔子指教后，来到院子里对子路和冉求说："我以伯夷、叔齐互让国君之位请教夫子，夫子赞同他们的仁让义举。现在国君和他父亲争夺君位，我可以断定，夫子是不会认同的。所以，请子路兄代我和冉求回复卫君，就说夫子想让弟子们大有作为，就不亲自出山了。"

亲爱的读者，孔子"名正言顺"的儒家思想，至今仍对新时代和谐社会建设，起着积极的指导作用。孔子对子路这次"名正言顺"的教诲，会对子路起到什么积极作用呢？请您继续品读子路"坚守大义"的故事。

---

① 参见《论语译注·述而篇第七》第15章。冉有曰："夫子为卫君乎？"子贡曰："诺；吾将问之。"入，曰："伯夷、叔齐何人也？"曰："古之贤人也。"曰："怨乎？"曰："求仁而得仁，又何怨？"出，曰："夫子不为也。"

62 坚守大义

公元前481年即鲁哀公十四年，鲁国邻国小邾国有位叫"射"的大夫受到排挤，便带着自己的封地句（gōu）绎前来投奔。鲁哀公和执政大臣季康子高度重视，在朝堂上接见了这位大夫。

说起这个小邾国，他的母邦邾国和鲁国一样建立于西周初期，一直是鲁国的邻国。西周时的邾国与鲁国非常友好，且世代联姻。但是到了鲁僖公在位的公元前638年，鲁国出兵打败侵犯须句的邾国，并送须句国君回国复位。同年，邾国人不甘心，出兵反攻鲁国，鲁僖公轻视邾国，竟然"不设备而御之"，结果一时大意，在升陉这个地方受到邾国军队重创，鲁僖公仓皇逃走时连头盔也丢了，成为邾国军队的战利品被悬挂在国都城头示众。从此，鲁、邾两国从西周时期的亲家，演变成了东周时期的冤家。

鲁国与小邾国关系一直不睦，对于叛逃而来的小邾国大夫自然表示欢迎。鲁国便按照当时各国对避难者的惯例接待这位小邾国大夫，由鲁国执政大臣季康子出具书面约定。这名叫"射"的大夫，在鲁国朝堂表示道："我更相信孔门弟子子路的信义。如果咱们鲁国能够派子路和我见面口头约定，就可以不用书面盟誓了。"

　　季康子一听，非常高兴，托人给在卫国为官的子路捎信，请子路回来完成这件事，被子路推辞了。季康子着急了，立即派子路同门，任季氏宰的冉求对子路说："一千辆战车的国家，不相信盟誓，反而相信你的话，你有什么屈辱呢？"子路回答冉求道："还记得当年夫子在卫国对咱们那次'名正言顺'的教诲吗？鲁国如果和小邾国发生战事，我不敢询问原因曲直，战死在城下就行了。射叛变母国，而使他的话得以实现，这是把他的不尽臣道当成正义了，我不能那么办。"子路的这次义举，得到了孔子的肯定。子路在孔门弟子中的威信更高了。①

　　亲爱的读者，子路和孔子之间还有很多故事，都显示出子路"好勇慕义"的君子品质。孔子生病时子路是怎么侍奉的，子路对人的生死又有了什么思考呢？请您继续品读子路向孔子"问死问神"的故事。

---

　　① 本故事参考《左传·哀公十四年》。

63 问死问神

公元前481年的深秋季节，孔子最器重的弟子颜回去世，是继前一年孔子唯一的儿子孔鲤逝世后对他的又一次沉重打击。孔子经历十四年周游列国的旅途劳顿，他太劳累了；孔子的儿子孔鲤、弟子颜回先他而去，他太伤心了。这一年的初冬时节，孔子病了，病得很重。

子路听说后，立即日夜兼程，从卫国赶往鲁国。

当看到病倒在床上正在昏迷沉睡的孔子时，子路扑通一声跪在地上，哭泣着喊道："夫子，弟子仲由前来看您了。"孔子听到子路的声音，勉强睁开了沉重的眼帘，示意子路近前说话。子路跪走几步，挪到了孔子床前，动情地说："夫子，天佑善人。我请求为您病愈祈祷。"孔子吃力地问道："你这样做有根据吗？"子路虔诚地回答："夫子，我这样做是有根据的。《诔（lěi）文》上说过：'替您向天神地祇（qí）祈祷。'"孔子听后高兴地对子路说道："仲由的确好学，做事有根有据了。我也这样为自己祈祷过了。"①孔子说完，又昏迷沉睡起来。

子路了解到，孔子已经病了好几天了，看起来病得很重，探望、服侍的弟子们一片哀戚，一想到他们敬爱的夫子就要永远离开他们，不由得悲从心来。性格刚强的子路，最先从这哀戚中走出来，对子贡、冉求、子游、子夏等师弟们说："不要光顾着哭了，总不能让夫子死后连个像样的葬礼、坟墓都没有吧。我们这么多弟子，总不能让别人看我们的笑话吧。咱们夫子曾经做过鲁国大夫，我们就以大夫丧葬之礼做准备吧。" 子贡、冉求、子游、子夏等人听子路说得在理，都同意了子路"使门人为臣"的建议。子路便一边请医为孔子治病，一边分派师兄弟们担任不同的家臣职责，按照大夫的规格、礼仪准备孔子的丧礼。几天后，孔子病情减轻，听得此事，将子路叫来，说："仲由啊，辛苦你了，可你这事办得不妥当啊，这是在行诈道呀！我已经不是大夫了，再以大夫之礼丧葬，不合适啊！这是骗谁呢？难道要骗上天吗？与其死在治丧的人手里，我宁肯死在你们学生手里。我纵使不用大夫的葬礼，难道我会死在路上，没人来葬我吗？"②

子路听了孔子的批评，连忙向孔子认错道："多谢夫子教

---

① 参见《论语译注·述而篇第七》第35章。子疾病，子路请祷。子曰："有诸？"子路对曰："有之；《诔》曰：'祷尔于上下神祇。'"子曰："丘之祷久矣。"

② 参见《论语译注·子罕篇第九》第12章。子疾病，子路使门人为臣。病间，曰："久矣哉，由之行诈也！无臣而为有臣。吾谁欺？欺天乎！且予与其死于臣之手也，无宁死于二三子之手乎！且予纵不得大葬，予死于道路乎？"

海。我和子贡、冉求认为您曾经担任过鲁国司寇，已是位列大夫之人，所以就想按照大夫之礼准备您的后事。仲由知错了。仲由今年六十二岁了，看到了太多生老病死的伤感事情，这两年又经历了伯鱼、颜回早死，特别想知道世人该如何服侍鬼神？"孔子对于鬼神一直坚持敬而远之的原则，他认为重要的是治理好人世间的社会，并用人世间的尊卑之礼祭祀去世的父母，追念远代的祖先，所以教诲子路道："活人还没有服侍好，怎么能去服侍死人呢？"子路仍不甘心地继续请教道："我大胆地请问夫子，人死是怎么回事呢？"孔子坚定地教育子路道："我们儒家学说，既然连人生的道理还没有弄明白，就没有必要去研究死的学问。仲由啊，如今你在卫国为官，还不忘促进鲁国和齐国的友好交往，做得好啊！你要继续在治理卫国、教化民众上多下功夫啊！"子路听后，拜谢孔子道："仲由虽然愚钝，也一定要遵循夫子教诲，光大儒家为政之道。"①

亲爱的读者，子路的人生结局，也实现了孔子"杀身成仁"的谆谆教诲。请您继续品读子路"正冠就义"的感人故事。

---

① 参见《论语译注·先进篇第十一》第12章。季路问事鬼神。子曰："未能事人，焉能事鬼？"曰："敢问死。"曰："未知生，焉知死？"

64 正冠就义

公元前480年，卫国发生宫廷内乱。原来卫灵公在世的时候，太子蒯聩谋害卫灵公夫人南子失败，逃到了晋国。卫灵公去世后，夫人南子就按照自己儿子的意愿，立卫灵公的孙子也就是前太子蒯聩的儿子辄为国君，就是"卫出公"。可是逃到晋国、已被卫灵公废黜太子之位的蒯聩还想回来继位，于是在晋国执政大臣赵简子的支持下，在儿子已继位十二年的时候，蒯聩与当时卫国执政大臣孔悝的母亲勾结，秘密回到卫国，强迫执政大臣孔悝转而支持自己继位为国君。

当时孔子的弟子高柴跟随子路在卫国为官。子路在回卫国途中听说蒯聩作乱的消息，就迅速赶往卫国。刚到城门，正好碰到师弟高柴从城里逃出来。高柴劝说子路道："咱们的卫国国君已经携带宝器逃往鲁国，国君父亲与执政大臣孔悝的母亲逼迫孔悝共同反叛现任国君辄。现在城门已闭，也不是咱们臣子能管得了的。您还是和我一块回鲁国吧。"子路此时却大义凛然："吃着人家的俸禄，就不能回避人家的灾难。"

子路奔到孔悝府邸的高台下，得知蒯聩已把孔悝绑架到高台上面，正在威逼孔悝支持他继位国君。子路了解到这些情况，急中生智，想先把孔悝救下来，就向蒯聩大声喊道："大王为什么要任用孔悝呢？请让我捉住他杀了，这样你就可以继位国君了。"其实，子路是想用这个办法救出他的主人孔悝。但蒯聩不听，子路就威胁说要放火烧台。蒯聩害怕了，派了两员勇将带人到台下攻击子路。

起初，子路武功高强占上风，有人还为他加油，可六十三岁的子路毕竟年老体衰，敌不过众叛臣。人们见大势已去，又开始给叛臣加油，竟向子路扔石头。后来，子路被叛臣从身后偷袭刺中，发冠的系绳也断了。子路想起孔夫子的教导："君子之死，要死得有尊严。倒下之时，衣冠不可不整：衣冠整，则人死神存；衣冠不整，则人神俱灭。"子路想到这里，一手捂着伤口，忍着剧痛，用另一只手去扶正发冠，大声喊道："君子死而冠不免。"直到倒在地上，子路的发冠仍被稳稳地扶在头上。叛臣趁此时机一拥而上，把子路砍成了肉泥。[①]

此时远在鲁国的孔子也听到了卫国宫廷内讧的消息，他对弟子高柴和子路的为人十分了解，马上担心地对身边的弟子说："哎呀，不好。卫国内乱，顺势而为的高柴会安全回来；耿直忠勇的仲由啊，恐怕会死在那里吧！"不久，卫国的使者前来报告子路的

---

① 本故事参考《左传·哀公十四年》。

死讯。孔子就在正室的厅堂哀哭子路。有人前来吊唁，孔子就以主人的身份拜谢。哭罢，召进卫国使者，询问当时的详情。使者说："好惨，子路被砍成肉酱了。"孔子就让身边的人把家里的肉酱倒掉，伤心地说："我怎么能忍心再吃这样的食物啊！"①

孔子晚年，最得意的弟子颜回与唯一的儿子孔鲤死后，子路就是孔子的精神支柱了。子路的死给孔子精神上带来了巨大的打击。子路死后次年，孔子就去世了。宋代大文豪苏轼曾有这样的评价："子路之勇，子贡之辩，冉求之智，此三者，皆天下之所谓难能而可贵者也。"②子路的死是壮烈而从容的，表现出了"捐躯赴国难，视死忽如归"③的英雄气概，以实际行动践行了孔子"杀身成仁"④的儒学志士精神。

亲爱的读者，当您品读完子路受教孔子的系列故事，是否能够感受到子路个性率直、闻过则喜、刚正不阿的高尚情操？是否能感受到子路是一个有血有肉、真实可信、令人亲近的学习榜样？是否觉得自己也应该像子路一样闻道不移、勇往直前呢？衷心地祝愿大家能从子路的成长故事中，汲取人生的不竭动力。

---

① 参考《孔子家语通解·卷第十·曲礼子夏问第四十三》。
② 出自苏轼《荀卿论》。
③ 出自曹植《白马篇》。
④ 参见《论语译注·卫灵公篇第十五》第9章。子曰："志士仁人，无求生以害仁，有杀身以成仁。"

南方夫子篇——子游

　　子之武城,闻弦歌之声。夫子莞尔而笑,曰:
"割鸡焉用牛刀?"子游对曰:"昔者偃也闻诸夫子
曰:'君子学道则爱人,小人学道则易使也。'"子
曰:"二三子!偃之言是也。前言戏之耳。"

——《论语译注·阳货篇第十七》

独闻大道

65 拜访子贡

公元前488年深秋的一天，通往吴国姑苏城的官道上，驶来一支来访的车队。第一辆车里端坐着一位青年才俊，眉宇轩昂。他是谁？为什么要来访问吴国？

原来，他就是孔子最富外交才华的弟子子贡。他是受鲁哀公和执政大臣季康子亲自委派，专程前来交涉鲁国和吴国结盟任务的。此时的孔子仍在周游列国途中。自从四年前鲁国执政大臣季桓子死后，他的继承人季康子虽然因听信近臣谗言，未能遵照父亲遗言迎请孔子回国辅政，但面对周边强国侵扰、国力空虚、人才匮乏的现状，季康子开始重用孔门优秀弟子，冉求、子贡回归鲁国辅政。

这一年，吴王夫差率军袭击宋国，索要"百牢"大礼得逞，促发了他的贪心，又乘机兵临鲁国，向鲁国索要"百牢"大礼。所谓"百牢"，即由一百头牛、一百只羊、一百头猪组成的进贡之礼。当时的春秋时期，像周天子这样的最高天王，也才享受大国"十二牢"进贡之礼。吴国向宋国和鲁国索要"百牢",是大大超过了当时的礼数的。鲁哀公和季康子派大夫子服景伯与吴国派来的使者交涉争执了一番,毫无效果。

面对国境上随时都会发起进攻的吴国虎狼之师,季康子也无可奈何,只好向吴国进贡了"百牢"大礼。吴王夫差听使者说起鲁国大夫子服景伯与他争执"百牢"不合礼制,为了打击鲁国的自信,使之成为吴国的附庸,他又派人去鲁国传话,要求鲁国执政大臣季康子前往吴国觐见。

季康子对此觐见感觉祸福难料,手足无措,担心觐见会遭受屈辱乃至遭到扣押,无奈之际连忙向孔子求助,此时的孔子正在卫国等待从政时机。他虽身在卫国,但心里仍然系挂着鲁国的兴衰。随着年龄的增长,六十四岁的孔子越发有了叶落归根的念头,于是立即派得意门生子贡代表季康子赴吴谈判,也是为鲁国解围。

子贡入驻吴国馆驿的当天下午,接待了一位十八九岁的吴国公子。来人通报姓言名偃,字子游。通过简单交谈,子贡初步了解了子游的身世及成长情况。子游出身吴国贵族世家,自幼饱读诗书,酷爱礼乐。近几年对于孔子及其学说,早已心向往之。听说子贡来访吴国,子游赶忙前来拜访,希望子贡能够予以引荐,早日投拜到孔子门下。

子贡在与子游的交谈中,深感其敏思好学,颇知夏、商、周三朝典章,顿生同道之情。为谋定鲁吴邦交策略,子贡向子游请教吴国的国情。子游略思片刻,介绍道:"我王夫差的父亲阖间八年前攻打越国时，遭越王勾践率军偷袭，脚部中箭，伤重不治。阖闾大王死前曾嘱咐身为太子的夫差，勿忘杀父之仇。我王夫差继位后，为洗雪先君败死于越王勾践的耻辱，励精图治三年，国力迅速增强，加之重用来自楚国的能臣伍子胥治国、来自齐国的兵家孙武整军，国力倍增，军队战力更加强大。六年前越国发兵攻吴，我王夫差已有防备，率精兵大败越军。越王勾践面对亡国败局，只好忍辱降吴，亲为奴仆侍奉吴王。听说勾践虽然受辱于吴宫，但是每日卧薪尝胆，颇有复国之志。按说我王已报父仇，当应推行仁义教化之策，但他却愈发好战，屡战楚国，袭击宋国，威胁鲁国，还欲与晋国争霸。这是我所不能认同的。我愿投拜孔夫子门下，学习《诗》《书》《礼》《乐》，弘扬周公之道。"

子贡听罢，已有对吴良策——即鼓动夫差争霸雄心，促吴伐齐而威晋，鲁国即可从中获利。想到这里，子贡对子游热情相邀："待我明后几日觐见吴王夫差，订好两国盟约后，就带你同回卫国面见夫子，实现你的拜师心愿。"

亲爱的读者，子游能够如愿跟随子贡见到孔子吗？能够如愿拜入孔门成为孔子的正式弟子吗？请您继续品读子游"拜师问孝"于孔子的故事。

66　拜师问孝

　　随后几日，子贡利用吴王夫差急于争霸的心理，劝说吴国伐齐，以笼络鲁国、宋国顺从之心，实现称霸诸侯的大业。子贡的说辞打动了吴王夫差，于是顺利签下两国盟约。

　　十日后，子贡携子游同车回到鲁国，向鲁哀公及其执政大臣季康子汇报了这次吴国之行的谈判情况。鲁哀公和季康子对子贡突出的外交才能大加赞赏。季康子当场向子贡提出在朝任职的建议。子贡同意暂时兼任鲁国外相职务，声明仍然要返回卫国照顾老师孔子。子贡离鲁返卫的做法，既表达了愿为鲁国效力的意愿，也向鲁哀公和季康子暗示了要与孔子一道返回鲁国的心意。

　　子贡回到卫国见到孔子的第二天，就向孔子推荐了子游，并为子游举办了拜师仪式。此时，六十四岁的孔老夫子须发皆白，一脸的慈祥。在听完子贡汇报代季康子访吴谈判的情况后，喜不自胜，开言道："赐能洞察列国强弱之势，因势利导，抑强扶弱，辅助鲁国，是行仁善举，值得褒奖。我在陈国，收徒颛孙师，学而善问；我在卫国，收徒卜商，善诗乐易；今有吴国言偃来投我门，已通书礼，颇有斐然文采之质，日后吾道南移大有希望。今日言偃拜我为师，我愿为你解惑。"

子游问道："弟子认为人伦莫过于孝，供养父母丰衣足食，敢问可谓孝乎？"孔子沉思稍许，答曰："现在众人所谓孝道，是谓能养，认为只要能让父母吃饱穿暖就可以了。试想，各家狗马也是能够得到饱暖饲养的；如果不敬，不能以恭敬心态孝顺父母，那养活爹娘和饲养狗马又有什么区别呢？"[1]

子游听罢，顿开茅塞，继续问道："敢问夫子，要是遇到对人既骄横又吝啬的父母，又该如何尽孝呢？"孔子听了喜上眉梢，慈爱地望着子游教诲道："问得好啊！侍奉父母，如果他们有不对的地方，可以轻微婉转地劝止；如果自己的心意没有被接受，做子女的也要劳而不怨，仍然不改恭敬的态度，即使忧愁劝止不成，也不会怨恨父母。这才是真正的孝啊！"[2]从此，十九岁的子游开始拜入孔门求学。

亲爱的读者，子游拜入孔子门下，是怎样接受孔子教化的呢？请您继续品读子游"闻师论礼"的故事。

---

① 参见《论语译注·为政篇第二》第7章。子游问孝。子曰："今之孝者，是谓能养。至于犬马，皆能有养；不敬，何以别乎？"

② 参见《论语译注·里仁篇第四》第18章。子曰："事父母几谏，见志不从，又敬不违，劳而不怨。"

67   闻师论礼

有一天，子贡带着子张来约子游："夫子今日在家闲居，愿意一块去向夫子请教吗？"子游听了，喜不自胜，欣然跟子贡前来拜见孔子。

孔子见到这三名弟子主动前来求教，便对他们三人进行了"论礼"的讲学，教诲他们说："你们三人请坐下，我给你们讲讲有关礼无处不在的学问：表示敬意而不合于礼，就是粗野；表现恭顺而不合于礼，就是谄媚；号称勇武而不合于礼，世称逆乱。无论是朝堂议论国政，还是行人出使四方，乃至两国交战谈判，礼无处不在，礼可以使一切恰到好处。"

子贡、子张向孔子请教之后，子游继续向孔子请教道："请问夫子，礼是治理坏的而保留好的吗？"

孔子回答："是的。禘礼和尝礼，是为了对祖先表示仁爱；乡射礼和乡饮酒礼，是为了对同乡表示仁爱；食礼和飨（xiǎng）礼，是为了对宾客表示仁爱。明白禘、尝等礼的人，治理天下就会像是把东西放在手掌上一样容易。①因此，居家有礼，长幼关系就分辨清楚了；内室有礼，父、子、孙三代就和睦了；朝廷上有礼，官职、爵位尊卑就井然有序了。把礼施加于自身并放在最前面，言行举止就能恰到好处。"三人听完孔子关于礼的教诲，对孔门礼学的感悟更进了一层。②

子游在听孔子的讲学过程中，对于孔子经常赞赏的子产很是钦佩，了解到子产是春秋时期著名政治家、郑国执政大臣，成功辅佐郑简公、郑定公二十余年，既维护公室的利益，又限制贵族的特权，进行了划地界、铸刑书、兴乡校、谋外交等一系列自上而下的改革，推动郑国呈现出中兴局面。

有一次，子游单独向孔子请教对于子产的评价。子游问孔子："夫子，您极力称赞子产仁惠，可以说来听听吗？"

孔子为子游开讲道："子产的仁惠只不过在于他爱民罢了。"

子游疑惑道："爱民可以称为德治教化，岂止是仁惠呢？"

孔子解释道："子产，就像是一般人的母亲，能养活他们，却不能教化他们。"

子游进一步追问："夫子您能举例说明这方面的事情吗？"

孔子就举例道："比如子产用他所乘的车子帮助冬天过河的人。这就是只爱民而没有教化啊！"

子游深有所悟，向孔子报告请教的收获："爱民仅是帮助他们

---

① 参见《论语译注·八佾篇第三》第11章。或问禘之说。子曰："不知也；知其说者之于天下也，其如示诸斯乎！"指其掌。

② 参考《孔子家语通解·卷第六·论礼第二十七》。

解困衣食温饱，是不够的；治理国家，不仅要仓廪充实，还要教导百姓懂得礼节。夫子所言'教导民众道德，教化民众礼乐，人民则有耻且服'①，说的才是仁治的根本啊！"②

　　亲爱的读者，子游有了孔子的谆谆教诲，对礼仪之道研究得更加透彻明白，并在礼乐相辅相成教化民众方面，有了更多的真知灼见。子游还会得到孔子什么教诲呢？请您继续品读子游"独闻大道"于孔子的故事。

---

　　① 参见《论语译注·为政篇第二》第3章。子曰："道之以政，齐之以刑，民免而无耻；道之以德，齐之以礼，有耻且格。"
　　② 参考《孔子家语通解·卷第九·正论解第四十一》。

68　独闻大道

　　子游拜师孔子、追随孔子周游列国，"文学"典章之道日益精进，迎来送往礼仪更加娴熟。他对于郊社之礼、馈奠之礼、食飨之礼都有了更加深刻的认识，对礼乐融合的民俗教化见解，也深得孔子赞许。公元前484年，孔门弟子冉求为鲁国执政大臣季康子立下军功，成功劝说季康子同意迎请孔子回归鲁国。孔子回到鲁国后，虽不直接参与政务，但孔子德高望重，因而有国政咨询和推贤荐能的资格。

　　孔子对子游、子夏、子张等年轻弟子加大了培养力度。有一次子游侍奉孔子参加季康子举办的腊祭之礼。礼毕之后，子游陪同孔子在宫门外的高台上散步，谈起鲁国礼乐现状，孔子喟然而叹。子游问："夫子，您为什么感叹啊？"孔子说道："吾叹大道之行，三代之英，都未能赶上啊！言偃，你想学习一下什么是礼运大道吗？"子游拜谢道："愿闻夫子教诲，弟子荣幸之至。"

　　于是孔子单独传授子游礼运大道："大道施行之时，天下为人所共有。选拔高尚能干之人，讲求诚信，社会和睦。所以人们不只是敬爱自己父母，不只是疼爱自己子女，而是要使所有老人都能终享天年，所有青壮年都能为社会效力，所有孩童都能健康成长，使老而无妻之人、老而无夫之人、幼而丧父之人、老而无子之人、身体残疾之人都能得到供养，男子有事业，女子有归宿。厌恶货物弃地浪费，但不会据为己有；厌恶做事不竭尽全力，但不会谋取私利。因此奸邪之谋、盗窃害人之事全都不会发生，所以各家大门夜里都不用关闭。这就是大同社会。"

子游看孔子讲得辛苦，连忙奉水进问："大同之道既然不能实行了，那请问三代之英是什么景象？"

孔子继续向子游教诲道："现在大同之道已然无法实行，天下成为一家所有。人们各自亲其双亲，各自爱其子女，力气不出却都想财货归己。诸侯世袭成为礼制，修筑城郭沟池以防守，讲究礼仪视为纲纪。以此端正君臣关系，以此加深父子关系，以此和睦兄弟关系，以此调和夫妻关系，以此设立规章制度，以此划分田土宅里，以此尊敬勇士与智者。由于成就功业都是为了自己，因此钩心斗角随之而生，兵戎相见随之而起。夏禹、商汤、周文王、周武王、周成王、周公，就是这种情势下出现的佼佼者。这六位君子，没有一个不是把礼当作法宝的。用礼表彰正义，考察诚信，指明过错，效法仁爱，讲究礼让，向百姓展示礼乐教化之道。如有违礼行事的人，当官的就要被撤职，民众都会把他看作祸害。这就是小康之道。"①子游听毕，情不自禁地手舞足蹈起来："言偃我虽然愚钝，但对夫子教诲大同、小康之道心向往之，请让我记下来，争取去实行它。"

亲爱的读者，子游在孔子的教诲下，对于尧舜圣贤之道，周公教化之礼，诗书礼仪典章，都有了更加清晰深入的了解，就等着能够得到孔夫子的推荐，让自己在鲁国政坛上有所作为，实践孔子的礼乐教化之道了。请您继续品读子游"出仕武城"获得孔子赞赏的故事。

---

① 参考《礼记·礼运第九》"大同""小康"章句。大道之行也，天下为公。选贤与能，讲信修睦。故人不独亲其亲，不独子其子，使老有所终，壮有所用，幼有所长，矜寡孤独废疾者皆有所养。男有分，女有归。货恶其弃于地也，不必藏于己；力恶其不出于身也，不必为己。是故谋闭而不兴，盗窃乱贼而不作，故外户而不闭。是谓大同。

今大道既隐，天下为家。各亲其亲，各子其子，货力为己。大人世及以为礼。城郭沟池以为固，礼义以为纪；以正君臣，以笃父子，以睦兄弟，以和夫妇，以设制度，以立田里，以贤勇知。以功为己，故谋用是作，而兵由此起。禹、汤、文、武、成王、周公，由此其选也。此六君子者，未有不谨于礼者也。以著其义，以考其信，著有过，刑仁讲让，示民有常。如有不由此者，在埶者去，众以为殃。是谓小康。

69 出仕武城

孔子对于年轻的优秀弟子子游，并不想总是拢在身边。他曾多次对弟子们说过："你们这些弟子，在我门下学习三年，还能坚持不去谋官，这种好学精神是难能可贵的。" [①]孔子回到鲁国的第三个年头，也就是公元前482年，考虑到子游在自己身边修身学习已经六七年了，完全具备了从政的本领，于是通过冉求向季康子推荐二十五岁的子游做了武城宰。

子游虽然舍不得离开孔老夫子，但在孔子仁者必有为于天下人生理念的指引下，欣然受命，赴武城就职。这些年子游也始终关注着父母之邦吴国的兴衰。自两年前吴齐艾陵之战吴军大败齐军后，吴王夫差不听能臣伍子胥劝谏，忽视越国东山再起的野心，一意孤行，继续对外发动战争。就在这一年，吴王夫差举全国之力赴黄池会盟，与晋国争夺诸侯霸主相持不下。越王勾践不

---

① 参见《论语译注·泰伯篇第八》第12章。子曰："三年学，不至于谷，不易得也。"

忘会稽之耻，率军乘虚袭击吴国，打败吴国军队，并俘虏了吴国太子友和他手下的重要将领。吴国派人向吴王夫差报告战败的消息，夫差深恐诸侯知道吴军被越王勾践打败的消息，影响他与晋国争霸，就在他的帐幕里边，亲手杀死了前来向他报告吴军战败消息的信差。几日后，夫差与晋国争霸成功，夺得霸主虚名后匆匆赶回吴国。他眼见国力空虚，只好向越王勾践求和。[①]子游对吴国这位好战的当政者非常失望。他多么盼望吴王能够推行孔子安国治民的仁政啊！

武城与吴国临界，由于吴军多年侵扰，武城民风剽悍，打斗粗野之风难禁。子游就任武城宰后，访贤问能，与当地德高望重的三位长老结盟，与当地民众盟书约誓：一是孝悌宗族者，举为族长；二是布施乡党贫民者，举为乡长；三是精通礼乐教化者，举为民众子弟的先生。子游在贤能三老的鼎力支持下，贴布盟书公告，推举孝廉者协助官员管理民众事务，资助先生礼乐教化民众子弟，教习礼乐射御书数六艺文化。子游治理武城，一年有成。不足两年的时间，子游治理武城的美名就传到了国都。孔子了解到子游治理武城的政绩，非常高兴。他在子游任武城宰的第二年秋天，便在冉求、子张、子夏，还有对子游入学孔门有引荐之功的子贡等弟子的陪同下，来到武城考察。

刚到武城城郭，就见庄稼长势喜人，农夫稼穑而歌，洋溢着劳动的快乐。进来城门，就听到不少门厅院落传来阵阵弦歌之

---

① 参考《左传·哀公十三年》。

声。快到武城宰官衙的地方，隔着齐腰高的院落篱笆，便看到一株银杏树下，有两位先生正在教习几十名弟子演习礼乐规范。他们一组弹奏宫廷弦乐，一组伴着弦乐之声进退行礼。孔子和随行的弟子们不住地点头称赞。尤其是子贡，更是喜上眉梢，向孔子自夸道："言偃教化武城有方，既赖夫子教诲，也有赐引荐的功劳啊！"孔子赞许子贡道："仁义之士，必能与人同立身，更能与人共发达。赐已悟行仁之道了。"

这时，子游已率三位长老及其重要随从迎上前来。孔子看见他们前来迎接，连忙下车，在大家的簇拥下，来到了子游的办公场所。大家分宾主坐下之后，孔子听着四周传来的弦乐之声，有意和子游开玩笑道："割鸡焉用牛刀，武城弹丸之地，还用得着礼乐教化吗？"子游看到同门弟子附和孔子言语的笑容，便分辩道："我以前就听到夫子您教诲过：'君子学道则爱人，小人学道则易使。'我觉得礼乐教化对于治理武城这样民风剽悍的地方，总会有用的。"孔子听后，点头称赞道："各位弟子，言偃治理武城的礼乐教化措施是正确的。我刚才'割鸡焉用牛刀'那句话，不过是同他开玩笑罢了。"①

孔子接着又问子游道："你为政武城，在这儿得到什么人才没有？"子游庄重回答："有个叫澹台灭明的人，走路不抄小道，

---

① 参见《论语译注·阳货篇第十七》第4章。子之武城，闻弦歌之声。夫子莞尔而笑，曰："割鸡焉用牛刀？"子游对曰："昔者偃也闻诸夫子曰：'君子学道则爱人，小人学道则易使也。'"子曰："二三子，偃之言是也！前言戏之耳。"

不是公事从不到我屋里来。"①子游是想告诉孔子，澹台灭明行为端正，不对上司溜须拍马，是可以重用的一个人才。孔子听后一怔，思忖片刻，感叹说："澹台灭明这个人，以前曾在我门下学习。我以貌取人，不喜欢他，这是我的过错啊。澹台灭明是我的好弟子啊！"子贡听后感叹道："君子之过好比日食月食：过错的时候，每个人都看得见；更改的时候，每个人都仰望着。②夫子之过，乃圣人之过，善莫大焉。"

这时，在子游的招呼声中，澹台灭明进屋拜见孔子和众同门。孔子赞赏澹台灭明道："灭明是我真正的好弟子。言偃评价你'行不由径'的美德，是我门下众弟子修德学习的好榜样啊！正如昔日我曾教导子张的话：'善人不踩着别人的脚印走，学问道德也难以到家。'③希望大家能够学习灭明的善人之道。"澹台灭明激动得热泪盈眶，跪拜孔子道："今日灭明能得夫子首肯，成为夫子认可之徒，是我今生最大的荣幸。为官为政，非吾所长；吾愿尽我所能，传播夫子儒学之道于天下。"

亲爱的读者，子游治理武城，真正实践了孔子为政的礼乐教化之道。他听到孔子病重的消息，是怎么做的呢？请您继续品读子游"服丧研礼"祭孔子的故事。

---

① 参见《论语译注·雍也篇第六》第14章。子游为武城宰。子曰："女得人焉耳乎？"曰："有澹台灭明者，行不由径，非公事，未尝至于偃之室也。"

② 参见《论语译注·子张篇第十九》第21章。子贡曰："君子之过也，如日月之食焉：过也，人皆见之；更也，人皆仰之。"

③ 参见《论语译注·先进篇第十一》第20章。子张问善人之道。子曰："不践迹，亦不入于室。"

70　服丧研礼

　　公元前479年，即鲁哀公十六年的春天，正在武城任职的子游，听到孔子病重的消息，连忙写好辞呈，匆匆呈给朝廷，就和澹台灭明迅速赶到曲阜孔子住宅。他们正好碰上刚从外地赶来的子贡，马上加入照料孔子生活起居的行列。子游和子夏、子张、曾参等年轻弟子，协助子贡像对亲人长辈一样无微不至地照料着在病床上的孔子。

　　七天后，孔子去世，子贡提议大家为孔子服丧就如同为父亲服丧一样，但不必穿相应的丧服。子夏看到门人系麻带外出，建议说："在家里系上麻带，出门就不必了。"子游指正道："我听夫子说过：为朋友服丧，在家时系麻带，外出不系；为自己尊敬的亲人服丧，即使系着麻带出去，也是可以的。"子贡和众门人觉得子游说得更有道理，就按照子游的提议为孔子服丧了。

　　子游为孔子服丧期间，与有若、曾参、子夏、子张等人一直谨记夫子"人能弘道"①的教诲，互相切磋礼乐教化之道。有一天，有若向曾参询问道："你从夫子那里可曾听说过如何看待丢掉官职吗？"曾参说："我倒是听夫子说过：丢掉官职，最好快点贫穷；死了，最好快点烂掉。"有若说："这不像是夫子说的话。"曾参说："是我与子游一道听夫子这样讲的。"有若说："那么，我相信夫子是这样说过。但是，夫子一定是有所针对才这样讲的。"

曾参立即把这番对话告诉了子游。子游说："真了不得，有若的话太像夫子了！从前夫子路过宋国，见到司马桓魋（tuí）派一批石匠为自己制造石椁，花了三年工夫还没做好，把匠人都累病了。夫子就说：'像他这样奢侈，死了还不如快点烂掉的好。''死之欲速朽'这是针对司马桓魋说的。南宫敬叔丢官以后，每次返国，一定满载珍宝去觐见国君。夫子说：'像他这样行贿求官，丢官还不如快点贫穷了好。''丧之欲速贫'这是针对南宫敬叔说的。"②子游把这件事告诉了子张和子夏，他们对有若的才学很是钦佩，觉得有若很像孔子，产生了推举有若替代孔子接受弟子侍奉的想法。这个故事将在下篇子夏的成长故事里面具体介绍。

曾参在儒学孝道方面堪称宗师，但在礼学见解方面，还是略逊子游一筹的。有一次，曾参和子游一块赶赴同门家人丧事。

①《论语译注·卫灵公篇第十五》第29章。子曰："人能弘道，非道弘人。"

② 参考《礼记·檀弓上第三》。

曾参穿着正装裘服，掩好正服前襟，以凶服的装束去吊丧。子游却敞开正服前襟，以吉服的装束去吊丧。曾参指着子游对众人说："你们看这个人，号称礼学专家，怎么能敞开正服前襟，露出吉服来吊丧呢？"丧礼小敛仪式之后，主人袒衣露出左臂，去掉束发的布帛，重新用麻束发。子游看到主人已经变服，就快步走出，系好正服前襟，缠上头上丧带，系好腰上葛带，然后再进来。曾参看到后，才恍然大悟，说："我错了！我错了！这个人的做法才是对的。"[①]意思是说，参加朋友丧礼，要随丧葬主人服饰改变而改变，在丧葬主人服饰未变之前就变服，是不符合丧葬礼仪的。

亲爱的读者，子游在孔子去世之后，是怎样大力弘扬孔子学说的呢？请您继续品读子游传播孔学于南方、被尊为"南方夫子"的故事。

---

① 参考《礼记·檀弓上第三》。

71 南方夫子

子游为孔子服丧三年后，便和澹台灭明到鲁国武城一带传播礼乐文化。由于他们前期在此为政，美名远播，因此前来拜师求学者络绎不绝。子游之所以要选择武城讲学传道，主要还是因为这里邻近吴国。他希望随时了解吴国的政局变化，企盼能够出现一位推行礼乐教化、遵行仁义之道的明君。

遗憾的是吴、越这两个相邻国家，互相征伐不断。吴王夫差前些年四处开战，国力耗尽，兵源枯竭，无力抵挡越国攻击。子游守完夫子之丧的第三年，即公元前476年，越王勾践再次伐吴获胜，并继续围困吴国首都达两年之久，吴王夫差只得向越王勾践割地求和，不断后撤。又过了三年，即公元前473年，越国彻底打败吴国。越王勾践想把吴王夫差流放甬东，给他百户人家，让他老死在那里。吴王夫差说："我后悔不听忠臣伍子胥劝谏之言，如今陷到今天这种绝境。"说完拔剑自刎。越王勾践消灭吴国，声威大震，以兵渡淮，召集齐国、宋国、晋国、鲁国等诸侯会盟徐州，周天子派人赐命勾践为诸侯之"伯"，即诸侯霸主的意思。①

越王勾践称霸五年后，文臣范蠡深感勾践对功臣疑心太重，恐难以长久共富贵，就约武将文种去职归隐。文种贪恋功名富贵不从，范蠡就携西施泛舟至齐，成了后人津津乐道、富甲一方、乐善好施的陶朱公。不久，文种就因耿直上谏不被勾践所容，落得被赐死的悲惨下场。从此朝中贤能之士陆续退隐，国家治理每况愈下。越王勾践反思之下，认识到了国家治理需要文、武相济，对内推行礼乐教化，方能巩固统治地位，对外训练强兵，扩展领地版图。于是，他开始物色治国理政的贤能人才。正在鲁国推行礼乐教化的子游，便进入越王勾践的视野。

公元前469年，也就是孔子去世十年之际，越王勾践一次派遣两位使者携带重礼前来鲁国武城，迎请子游到越国传播孔门礼乐文化。子游本是吴国子民，如今已是国破之人，心里五味杂陈，说不上来的一种凄凉感受，暂时没有答应越王的邀请。越王求才心切，用一年时间派人把子游故乡琴川之地的房宅修葺一新，并请画工画好图纸。第二年，勾践再派使者携带子游新宅图纸前来相邀。这一次，已近不惑之年的子游被大自己一旬的老越王勾践的诚意打动了，欣然邀约澹台灭明同往。澹台灭明特别替子游高兴，但他有自己的想法，认为与子游分道楚、越传播孔门儒学，更有作为。于是澹台灭明赴楚国各地传播孔门儒学，声名

① 参考《史记·越王勾践世家第十一》。

卓著。子游赴越国常熟、姑苏一代传播孔子的礼乐之道，从学者累计不下千人。子游讲学常常废寝忘食，他六十岁时就已经力不从心、疾病缠身了。尽管如此，他仍然不顾年迈多病，应海隅青溪公邀请，从家乡琴川出发，横渡东江，来到海隅青溪讲学。这是他在吴越之地最后的一次讲学传道之行。

子游不仅教授弟子读《诗》学《书》，更以儒家的礼乐道德教化育人。在子游的倡导下，海隅处处可闻礼乐之声。子游也被海隅百姓尊为"贤人"。越王勾践十分欣赏子游传播孔门儒学的功德，将"海隅"地名取为"奉贤"，以表达嘉奖之意，更彰显越国及其后人以子游为楷模，崇尚"敬奉贤人、见贤思齐"的淳朴民风。子游去世后，越国国王根据群臣提议，赐他"南方夫子"谥号，以表彰他在吴越之地传播儒家文化的崇高地位。

亲爱的读者朋友，孔门十哲中，子游和子夏同列古代文献学问大成之列，尤其对礼乐的学问，子游在孔门十哲中出类拔萃，他是将礼乐文化施于武城百姓教化的成功典型，受到孔子当面嘉许。其晚年重回吴越地方传播孔门儒学之功，仍是传诵至今的文化美谈。读罢子游的系列成长故事，您是否被他追求孔子儒家文化的执着所打动，是否羡慕他亲耳聆听孔子"大同""小康"的幸福时光？

博学笃志篇——子夏

孔子弟子惟子夏于诸经独有书，虽传记杂言未可尽信，然要为与它人不同矣。于易则有传，于诗则有序。……于春秋，所云"不能赞一辞"，盖亦尝从事于斯矣。公羊高实受之于子夏，穀梁赤者，风俗通亦云子夏门人。于论语，则郑康成以为仲弓、子夏等所撰定也。

——《容斋随笔·容斋续笔卷十四》

郊外迎孔

72　郊外迎孔

　　公元前493年春季的一天中午，卫灵公带领一行随从大臣来到宫外迎候他最敬仰的孔子。此时的卫灵公已经年老，太子蒯聩逃到晋国投奔了执政大臣赵简子，一直妄图回国继位。卫灵公想顺从南子心意，确保南子生的儿子郢继承国君之位，这需要托付一位德高望重的贤能之人。他认为孔子最为合适。虽说前几年因为自己听信谗言，派人监视孔子言行，导致孔子一度离开卫国。不过，卫灵公从近年来与孔子的相处中，认定孔子与本国贤大夫蘧伯玉一样，都是心胸坦荡的贤人，所以下定了迎请孔子再回卫国的决心。于是，卫灵公亲自修书，派与孔子情谊深厚的蘧伯玉大夫赴陈国迎请孔子归卫，约定的是今天回到卫国。按照最初卫国礼仪官员的迎接安排，卫灵公是在宫门外迎接孔子。卫灵公为了表达对孔子的敬重，决定以郊礼隆重地迎接孔子。于是，卫灵公带领一行随从大臣赶到国都帝丘城外，想早一点迎到他最钦佩的孔子。

再说身在陈国的孔子，感觉自己只是被作为贵客对待，无法施展治国理政的抱负，只能像在卫国一样，接纳培养新的弟子。一天中午，孔子忽然见到须发皆白的好朋友蘧伯玉来访，格外欣喜。他在看过卫灵公书信、听明白蘧伯玉的来意后，感叹道："鲁国和卫国姓氏同宗，两国都钦慕周公之道，像兄弟一样。①我在鲁国施政有为，也很想在卫国施展志向。如若君上用我主持国政，一年就会见效，三年便会取得很大成功。②"蘧伯玉一听，自然分外高兴。他是多么佩服孔子施政鲁国"治理中都、名扬诸侯""夹谷之会、赢得国土""隳三都、强公室"的高超智慧啊！如今见孔子有重返卫国心意，自是非常高兴，连忙与孔子定下回归卫国的日期，派人给卫灵公送信去了。

三天后，孔子与蘧伯玉率领一行车队，辞别了陈国国君，踏上了返回卫国的行程。不几日，孔子一行就进入卫国地界。卫国边防立即派人给卫灵公送信，确定了孔子一行到达国都帝丘的准确日期。

卫灵公一行随从大臣从午时一直等到申时，太阳已经偏西。卫灵公登车眺望，远远地看到了一行车队，霎时露出了欣慰的笑容。他心急地吩咐车夫往前赶车，想早一点和孔子相见。就见卫国都城郊外，两路车队快速相向而奔，两路车队的领头车辆快速

---

① 参见《论语译注·子路篇第十三》第7章。子曰："鲁卫之政，兄弟也。"

② 参见《论语译注·子路篇第十三》第10章。子曰："苟有用我者，期月而已可也，三年有成。"

靠近，很快相会到了一起。孔子总是那样彬彬有礼，急忙从车上下来，向卫灵公行跪拜之礼。卫灵公连忙上前躬身搀扶孔子，亲切地问候道："夫子一路劳顿，寡人总算见到朝思暮想、人所尊称的圣人了。"孔子连忙毕恭毕敬地回答："卫国是我周游列国投奔的第一个国家，我相信只要君臣同心，君使臣以礼，臣事君以忠①，就能强盛卫国。"这就是历史上一直传诵的卫灵公"郊外迎孔"的佳话。孔子接受卫灵公郊迎回归卫国，引来了众人围观。其中就有一位名叫卜商的年方十五岁的少年，慕名前来投奔孔子门下。

　　亲爱的读者，孔子回到卫国，会有什么收获呢？请您继续品读子夏"拦车拜师"于孔子的故事。

---

　　① 出自《论语译注·八佾篇第三》第19章。定公问："君使臣，臣事君，如之何？"孔子对曰："君使臣以礼，臣事君以忠。"

73 拦车拜师

卫灵公郊迎孔子的礼仪之举，也感动了卫国的国人。许多国人在卫兵的外围观看了这一隆重的"迎孔"活动。这里面就有一位年方十五岁的卫国温地少年。此人虽然身上穿的是几年前的破旧衣服，衣服看起来过于短小，很不合体，单薄的身子也有些瘦弱，但是面庞俊朗，一双聪慧的大眼睛机灵有神。这位少年已经来到国都帝丘好几天了，一直盼望着自己仰慕的孔子能快一点回到国都，好实现自己几年前就立下的拜师梦想。这位执着的少年跟着孔子的车队来到大夫蘧伯玉的大院，要进门拜师，可是被卫灵公派来的门卫拦了下来，只好就近继续等待。

卫灵公请孔子先好好休息几天，然后君臣再从容交流。第二天，孔子便在冉求的陪同下，参观了帝丘的市容市貌。就见街道两旁店铺林立，有卖炊饼小吃的，有开衣物店铺的，有卖牛马车件的……孔子望着街道上一派繁华的景象，禁不住感叹道："好繁华的都市，好稠密的人口！"驾车的冉求听到孔子的感叹，连忙请教道："卫国既然人口众多，又该怎么进一步治理呢？"孔子充满期待地回答："要先让国人富足起来。"冉求还不满足，进一步追问："百姓富足了，又该怎么进一步治理呢？"孔子充满信心地回答道："以礼乐教化百姓，以忠信治理国人。"①

　　孔子和冉求正在交流的时候，车子忽然停了下来。冉求定睛一看，原来是一位少年拽住马的缰绳，拦住了他们的车子。冉求打量着这位衣着破旧窄小、身材瘦弱的陌生少年，不解地问："你是何人？为何拦车？"少年退后数步，跪拜于地，说道："请问车上可是名扬天下的孔老夫子吗？后生我卜氏名商，卫国温地人士，今年十有五岁，自幼喜学诗书，仰慕礼乐。近期打听到夫子归卫，故昨日即在此等候。早闻夫子'十有五而志于学'②，恳请拜孔老夫子为师，做孔门弟子。"孔子仔细打量着眼前这位少年，虽然是一副贫寒模样，却掩盖不住他求知若渴的神情，再看看他手里攥着的一札快要散开的竹简，顿时生起了惜才之心，微笑着问："你手里所拿何书？"子夏答道："《诗》也。"

　　孔子接着问："你能诵背《河广》一诗吗？"子夏张口朗诵起来：

　　"谁谓河广？一苇杭之。

　　谁谓宋远？跂予望之。"

---

　　① 参见《论语译注·子路篇第十三》第9章。子适卫，冉有仆。子曰："庶矣哉！"冉有曰："既庶矣，又何加焉？"曰："富之。"曰："既富矣，又何加焉？"曰："教之。"

　　② 出自《论语译注·为政篇第二》第4章。子曰："吾十有五而志于学，三十而立，四十而不惑，五十而知天命，六十而耳顺，七十而从心所欲，不逾矩。"

冉求接着与子夏共诵道：

"谁谓河广？曾不容刀。

谁谓宋远？曾不崇朝。"①

孔子听着子夏与冉求的吟诵，不禁触动了他的思乡情怀：自己虽为鲁人，祖籍却是宋国。宋人是殷商的后代。面对这个姓卜名商的少年，孔子一下子就有了一种亲近感，问道："商，你有字了吗？"子夏恭敬地回答："商未及冠，故未有字，还请孔老夫子赐字。"孔子沉吟道："殷因于夏礼，所损益，可知也。周因于殷礼，所损益，可知也。②殷即商也，既然商礼取于夏礼，我看就为你取字'子夏'吧。"

冉求连忙向跪在地上的子夏祝贺："孔老夫子赐给你字，就是收你为徒了。"子夏难掩激动的心情，对着孔子连拜三下："多谢夫子收我为弟子。商一定谨记夫子教诲，习学夏商周三代之礼，誓做有为君子。"子夏这前后拜师不到一刻钟的工夫，就吸引了不少街道上来往的人驻足围观。当大家看到子夏拜孔子为师成功的时候，不禁纷纷鼓掌祝贺起来。

亲爱的读者，子夏是怎样跟随孔子周游列国的呢？请您继续品读子夏追随孔子"再次离卫"的故事。

---

①《河广》出自《诗经·国风·卫风》，两段诗文的译文是：谁说黄河广又宽？一条苇筏可到达。谁说宋国遥又远？踮起脚尖可看见。谁说黄河广又宽？竟难容下小木船。谁说宋国遥又远？不用一早就能到。

② 出自《论语译注·为政篇第二》第23章。子张问："十世可知也？"子曰："殷因于夏礼，所损益，可知也；周因于殷礼，所损益，可知也。其或继周者，虽百世，可知也。"

74 再次离卫

　　卫灵公郊迎孔子之举，让孔子很感动，以为卫灵公要重用自己、振兴卫国了。可是他在蘧伯玉大夫家安顿下来，带着新收的卫国弟子子夏兴冲冲地进宫与卫灵公君臣答对时，却陷入进退维谷的境地。

　　卫灵公深恐逃到晋国的大儿子蒯聩在自己百年之后回国作乱，为了能让南子生的儿子郢继承自己的君位，他急切地向孔子请教道："先生，我已年老，一直考虑身后继位问题。我很想让我与夫人南子的儿子郢继位，可是行刺夫人南子的逆子蒯聩，逃到晋国后贼心不死，一直谋划着回国继位。所以，我想请先生为我谋划出兵偷袭晋国，除掉逆子蒯聩。如果成功，我将聘先生为国师，辅佐郢继位治国。"

　　孔子对于兵阵之事，并非外行。当年自己在鲁国为相"隳三都"时，面对公山不狃叛军攻到国都，把三桓和国君逼至季桓子府武子台的险境时，就非常镇静，指挥两员大将申句须、乐颀巧妙地击退了叛军的进攻。现在卫灵公这种纠缠于宫室亲族之间的纷争，出师无名，难有正义可言。如果孔子答应，就完全违背了他所倡导的"君君，臣臣，父父，子子"①的为政理念，必会陷于不仁不义的境地。孔子听罢卫灵公的军事请求，直接推辞道："外臣无能。仲尼对于礼仪方面的学问，经常听闻演习；对于军队征战列阵的学问，从来就没有学习过。仲尼无法实现您的愿望。"卫灵公听到孔子如此的推脱态度，就打消了要重用孔子的念头。年轻的子夏透过孔子与卫灵公的交流，感受到了孔子危邦不入、乱邦不居的圣人情操，对孔子宁可失去高位也不介入国乱的儒家之道，充满了钦佩之情。孔子看到卫灵公不想启用自己治理卫国，满腹失望，带着弟子们又一次伤心地离开了卫国。②

子夏从此紧紧追随在孔子身边，陪伴孔子周游列国整整十年，一直到公元前484年孔子回到鲁国。

亲爱的读者，子夏在孔子身边是怎样受教的呢？请您继续品读子夏跟随孔子"潜心学《诗》"的故事。

---

① 参见《论语译注·颜渊篇第十二》第11章。齐景公问政于孔子。孔子对曰："君君，臣臣，父父，子子。"公曰："善哉！信如君不君，臣不臣，父不父，子不子，虽有粟，吾得而食诸？"

② 参见《论语译注·卫灵公篇第十五》第1章。卫灵公问陈于孔子。孔子对曰："俎豆之事，则尝闻之矣；军旅之事，未之学也。"明日遂行。

75　潜心学《诗》

子夏和其他弟子跟着孔子来到宋国境内，遭到了孔子曾经批评过的宋国权贵司马桓魋的迫害。司马桓魋带人把孔子教习弟子演习礼仪的那棵大树砍倒了，扬言要加害孔子。

子夏年少却很勇敢，赶忙协助子路对孔子喊："夫子快走。我和子路为您断后。"孔子历经世事沧桑，并不显得惊慌，连忙安慰弟子们道："上天赐予我这样的品德，那桓魋能把我怎么样？" ①

就这样，子夏和其他弟子跟随孔子匆忙离开宋国，于公元前492年来到了陈国，继续住在对孔子特别友善的大夫司城贞子家里。这一住就是三年。陈潜公只是把孔子看作一个博学的人，在治理国家方面并不重用孔子。孔子就继续开展对弟子的培育事业。子夏这三年在孔子的教诲下，系统研读《诗》《书》《礼》

① 参见《论语译注·述而篇第七》第23章。子曰："天生德于予，桓魋其如予何？"

《乐》，尤其是对于《诗》的学习，有了最为突出的长进。

有一天，孔子把追随在身边的弟子们召集起来，宣讲《诗》的重要性，子夏在这次活动中受到了孔子的表扬。

孔子看到有些弟子急功近利，以为只要把和从政关系密切的《书》学好就行了，忽视了《诗》在国政及外交中表情达意的作用。于是孔子教诲众弟子道："你们学而出仕，名显父母，心向往之。但是学习要深厚扎实，不能光想捷径，以为学《书》利于仕而轻学《诗》，这是为学之误。"

说到这里，他把目光转向子夏表扬道："愿你等后生如商之学《诗》，洒扫进退应对皆引《诗》为学。"

孔子言犹未尽，又进一步教诲道："为政以《书》为鉴，以《诗》为证，《诗》《书》《礼》《乐》，不可或缺。诵《诗》不在数量多少，重在融会贯通。即使诵《诗》能达三百，让他去办政务，却办不通；叫他出使访问，却不能应对运用；纵使读得再多，也没有实际的用处。①我观你们这些后生，唯商学《诗》至达，达则可仕。"

子夏和众弟子听罢孔子关于《诗》的教诲，迅速掀起了读《诗》、议《诗》、用《诗》的学习热潮。

子夏得到孔子的表扬，燃起了对《诗》的学习热情，更加痴迷于对《诗》的研读。一天，他得到了陪侍孔子的机会，连忙请教关于《诗》的学问："请问夫子，《诗》可以用一句话概括出

① 参见《论语译注·子路篇第十三》第5章。子曰："诵《诗》三百，授之以政，不达；使于四方，不能专对；虽多，亦奚以为？"

它的本质吗？"

孔子沉思片刻总结道："《诗》多达三百篇，用一句话概括它，就是'思想纯正'。"①

子夏听后，禁不住赞叹道："夫子，您对《诗》'思无邪'的概括真是太美妙、太伟大了！您关于《诗》的学问令弟子望尘莫及啊！"

子夏还不满足，继续请教自己的困惑："'巧笑倩兮，美目盼兮，素以为绚兮'。这几句诗是什么意思啊？"孔子回答："意思是先有白色底子，然后画花。"

子夏立即联想到"仁德"与"礼乐"的依存关系，急切地问道："那么，礼乐的产生，应该是在仁德之后吧？"孔子听了喜上眉梢，夸奖子夏道："卜商呀，你真是我的好学生，能成为启发我的人了。现在，你有资格和我研讨《诗》三百了。"②

子夏面对孔子的赞赏，谦虚地表示："商学《诗》浅薄，还请夫子指点为学方向。"

孔子望着眼前这位聪慧乐学、善思好研的年轻弟子，感觉自己儒学有后了，便针对子夏与人交往还不够成熟大方、对为政还不够热心的不足，教诲子夏道："你要做个君子式的儒者，

---

① 参见《论语译注·为政篇第二》第2章。子曰："《诗》三百，一言以蔽之，曰：'思无邪'。"

② 参见《论语译注·八佾篇第三》第8章。子夏问曰："'巧笑倩兮，美目盼兮，素以为绚兮。'何谓也？"子曰："绘事后素。"曰："礼后乎？"子曰："起予者商也，始可与言《诗》已矣。"

不要做小人式的儒者！^①如此做则求仕能成，传播为师之道也能成功呀！"

子夏听后，顿悟道："商虽愚钝，也一定要践行夫子教诲。我已明白了人生努力方向：'做官了，有余力便去学习；学习了，有余力便去做官。'"^②

亲爱的读者，子夏跟着孔子不仅得到了精心的学业指导，还见证了孔子的博学和才华。请您继续品读子夏在陈国见证孔子博学的故事。

博学笃志篇——子夏

241

---

① 参见《论语译注·雍也篇第六》第13章。子谓子夏曰："女为君子儒！无为小人儒！"
② 参见《论语译注·子张篇第十九》第13章。子夏曰："仕而优则学，学而优则仕。"

76　见证博学

　　子夏跟随孔子在陈国的时间里，陈国边境很不安宁，在楚国和吴国的博弈中左右为难。倒向楚国，吴国就出兵侵犯；臣服吴国，楚国就派军发难。子夏就是在这样的动荡环境中，追随孔子在陈国学习三年，不光打下了深厚的儒学功底，还亲眼见证了孔子的博学广识。

　　有一天，子夏在陪侍孔子时，向孔子请教他多日不得其解的一个重要问题，就是陈国如何维持在吴国和楚国之间的平衡，避免两国征伐，壮大自己的国家实力？孔子向子夏介绍了从前郑国执政大臣子产成功施政的经验。子产六十多年前成为郑国的执政大臣时，郑国也像现今的陈国一样，都是小国。郑国夹在晋国和楚国两个大国之间，常常遭到晋、楚两国的责难甚至攻伐。子产执政后，对内为政以德，广开言路，重视民生，赢得了郑国上下一致的民心。子产对外，发挥他和几位大臣的外交才智，与晋国和楚国周旋应对，要求合理纳贡，赢得了晋、楚的尊重，为郑国发展赢得了和平的外部环境。孔子说到这里，对子夏感慨道："今陈国与郑国当年的处境，是多么相似啊！陈国国君如能重用我和你们众弟子，我们也能像子产振兴郑国一样，为陈国赢得吴国和楚国的尊重，则陈国就可以实施仁义治国之道了。"子夏听到孔子的这些教诲，对孔子的治国才能就更加佩服了。

这时有人通报陈湣公派人前来请教孔子。子夏把来人迎进孔子房间，见来者手托一柄一尺八寸长的箭杆，箭杆上有一只被射穿身体的鹰隼，奇怪的是箭头是石头做的。这种箭头子夏可是第一次见到。来人马上说明了国君派他来请教孔子的问题：这个石质箭头，有什么来历呢？孔子接过箭杆，端详了一番，肯定地说道："这箭是有来历的。它是北方肃慎国的。从前周武王平定天下，各国都有贡物。肃慎国就进贡了这种箭。后来周天子又把远方的贡物分给同姓国家，为的是叫人不要忘记边疆。我曾看到有文字记载这种箭分给了陈国。如果不能确认的话，可以派人到贵国保存古物的库房查一查。"陈湣公派人一查，果然有。①陈湣公和他的大臣们，还有子夏在内的孔门弟子们，对孔子的博学多识更加佩服得五体投地了。

转眼到了公元前489年，吴国大举进攻陈国，楚国派兵支援陈国。陈国夹在吴、楚两个大国之间，顿时又陷入混乱状态。

亲爱的读者，子夏和其他孔门弟子，又该跟随孔子周游到何处去呢？请您继续品读子夏"随师奔楚"的故事。

---

① 参考《史记·孔子世家第十七》。

77　随师奔楚

　　话说公元前489年，孔子和他的弟子们暂住陈国，陈国处于吴国和楚国的攻防拉锯战乱中，孔子正在考虑下一步去向的时候，意外收到了楚昭王邀请孔子赴楚的聘书。原来这次是楚昭王亲自率领军队支援陈国，驻扎在陈国东北部的城父，阻截吴国对陈国的进攻。楚昭王是一位开明有为的国君，听到孔子居陈的消息，非常高兴，很希望把孔子迎请到楚国，帮助他治国理政，于是派人给孔子送来聘书。不过后来楚昭王病了，迎接孔子的事就耽搁下来。

　　孔子接到楚昭王的聘书，就和弟子们急匆匆辞别了陈潜公，踏上了去楚国的路途。也正是因为这个阴差阳错，才导致了孔子和他的弟子们陷入陈蔡之难，子夏见证了当时情况的艰难和弟子们的人心浮动。当时陈国和蔡国大夫得知孔子要去楚国辅佐楚昭王的消息后，担心楚国强大对陈国和蔡国不利，于是秘密派人包围了正在赶路的孔子和他的弟子们。他们提出，只要孔子带着弟子返回陈国居住，就可以解除包围。孔子去楚国的意志很坚定，直接回绝了陈、蔡大夫的无理要求，结果被陈、蔡两国大夫围困长达七天。因为粮食断绝，孔子的弟子们都饿得爬不起来了。子夏坚持照顾面对困境仍在弦歌唱诗的孔子。子路阴沉着脸来见孔子，很不高兴地问道："夫子，君子也有穷得毫无办法的时候吗？"孔子教育子路道："君子虽然会有穷困的时候，但不会动摇自己的信念；小人要是穷困了，便会无所不为了。"[1]子夏看到子路听完孔子教导后神色立即舒展开来，向孔子道歉道："还请夫子原谅我粗鲁冒失。我一定继续跟随夫子推行周公之礼。"

　　子夏看到孔子如此艰难，仍能继续讲诵，弦歌不辍，十九岁的他更加坚定了做有为君子的人生志向，更加坚信孔子在陈蔡之难后对弟子的教诲："此次你们随师遭受陈蔡围困，虽遭体肤饥饿，但也经历了磨难成长。我听说，君不困不成王，烈士不困行不彰。人们往往是在困厄中才开始发奋励志的。"[2]

　　病中的楚昭王本来是要重用孔子的，遗憾的是，由于楚国大臣令尹子西的谗言阻挠，楚昭王只好暂缓了重用孔子的想法。这年秋天，楚昭王病薨，孔子和他的弟子无奈之下，只好又从楚国返回了卫国。

　　亲爱的读者，子夏跟随孔子回到卫国后，又有什么新的成长呢？请您继续品读子夏受孔子推荐在卫国"出仕'小行人'"的故事。

---

　　[1] 参见《论语译注·卫灵公篇第十五》第2章。在陈绝粮，从者病，莫能兴。子路愠见曰："君子亦有穷乎？"子曰："君子固穷，小人穷斯滥矣。"
　　[2] 参考《孔子家语通解·卷第五·困誓第二十二》。

78 出仕"小行人"

　　子夏跟随孔子回到了自己的母邦卫国。此时卫出公已经继位三年，卫国的政治格局大致稳定下来。卫出公也很想有所作为，对于孔子的到来，自然表示真心欢迎。但孔子对于卫出公越过父亲继承君位是不赞同的。他认为卫出公应该迎回自己的父亲，把君位归还给父亲蒯聩。只是这话他难以对卫出公开口，于是婉拒了卫出公，派自己的弟子在卫国出仕，帮助治理卫国。

　　孔子回到卫国的第二年，年轻的卫出公希望孔子向他推荐一位弟子做"小行人"，辅佐国君接待公卿大夫、出使四方诸侯。孔子马上想到了最理想的人选，就是这几年一直追随自己身边、接受教诲、学业猛进、志向弥坚的得意弟子子夏。一者他是卫人，出任行人名正言顺；二者他品行正直、勇敢，定会不辱君命；三者他学识渊博，精通《诗》《书》《礼》《乐》，外交辞令娴熟，完全可以胜任"行人"之职，于是便欣然向卫出公推荐了年方二十岁的子夏。

子夏做了卫国的"小行人"，经常跟随卫出公访问诸侯，周旋于列国公卿之间，面对周边国君对自己国君的轻慢，他敢于挺身而出，出色地维护了国君的尊严，受到了卫出公的高度赞赏。

　　有一天卫出公昼寝而起，感觉宫中有些异样，顿觉心慌，立即派宫人去召唤勇士公孙悁（yuān）前来护驾。宫人去的路上碰到了子夏。子夏问："你怎么跑得这样快啊？"宫人回答："国君午睡起床，派我速召勇士公孙悁护驾。"子夏一听国君要求护驾，连忙说："此事紧急。如果身材不如公孙悁强壮，而勇气像他一样，可以去给国君护驾吗？"宫人回答："应该可以吧。"子夏马上催促道："请马上带我去见国君。"很快，子夏坐车赶到宫中。卫出公不解地问宫人："派你去召勇士，你怎么给我带来了一位儒者？"宫人就把刚才和子夏的对话汇报了一遍。卫出公听了，强压着不满的语气对子夏说："好吧。商，请你过来先坐下。"又对宫人道："赶快去宣召公孙悁。"

　　一会儿，公孙悁高举着剑、叫喊着来见卫出公："卜商，你好大的胆子，胆敢拦劫宫人不召我。我要把你的头存到我这里。"子夏大声斥责公孙悁道："大胆，公孙悁！你好无礼，守着国君就敢舞剑行凶，该当何罪？请你马上把剑收起来，我将与你在国君面前以言论勇，怎么样？"卫出公看到公孙悁粗野的样子，也很不喜欢，严肃地命令道："公孙悁，快把你的剑收起来，和卜商以言论勇吧！"

　　子夏大声说道："我先来吧。我曾经和你跟随国君西行去见赵简子。赵简子披发杖矛来见国君。我从国君侍从后面疾步近前对赵简子说：'诸侯相见，不宜不穿朝服。您见我国君不穿朝服，是对卫国的羞辱，我作为卫国小行人，只好刎剑血洒您的衣服了。'赵简子看到我要拔剑自刎，马上回去穿上朝服来见我国君。请问是谁为国君争得尊严？"公孙悁诚恳地说："是卜商你啊！"

　　子夏进一步朗声说道："你看，你的勇不如我，这是第一次。又一次我和你跟随国君到达齐国的东阿与齐君相会，看到齐君在车上坐双层褥垫，却给咱们国君坐单层褥垫。我从国君侍从后面疾步靠前向齐君抗议：'礼云：诸侯相见，不宜以主欺客。'我趁齐君还礼时机，把齐君的坐垫抽去一层。请问这又是谁维护了国君的尊严？"公孙悁不好意思地说："还是卜商你啊！"

　　子夏继续说道："你看，你的勇不如我，这是第二次。还有一次，我和你跟随国君去苑中打猎，遇到两只刚成年的野兽追赶国君，夺过武士长矛、赶走两只野兽为君解难的人，是你还是我啊？"公孙悁红着脸低声答道："还是——还是——卜商您啊！"

　　子夏义正词严地对公孙悁说："你的勇敢不如我，已有三次了。仁人志士最为宝贵的品质，对上不摄于万乘之君，对下不狂逞匹夫之勇；对外有礼有节保持尊严，则敌国不敢来犯；对内不残害忠良，则国君无危。这才是志士仁人所擅长而君子最看重的品质啊！如果以长掩短，以众暴寡，欺凌无罪之民，而在街头巷尾好狠斗勇，是仁人志士最痛恨而君子最为厌恶的行径，是人人都要得而诛之的。请问公孙悁，你有什么资格和我在国君面前以言论勇呢？"在一旁听子夏论勇的卫出公频频点头。子夏的话一说完，卫出公就展露出欣赏神色，避席拱手道："寡人虽不聪慧，却也十分赞赏卜商先生之勇。"①

后来卫国的局势伴随着卫出公父亲蒯聩欲回国夺位而变得动荡起来。子夏向孔子请教这种情况下该怎么办？孔子教诲子夏：名正才能言顺，言顺才会事成。君子说话做事，必须言行一致，才能善始善终。

时间很快到了公元前484年，季康子和鲁哀公派了三位大臣，持重礼迎请孔子回归鲁国。子夏不慕为官富贵，婉拒了卫出公的盛情挽留，毅然辞去卫国小行人之职，跟随孔子回到了鲁国。

亲爱的读者，子夏回到鲁国又会有哪些作为呢？请您继续品读子夏陪同孔子开导司马牛的故事。

---

① 本故事参考《韩诗外传卷第六·第二十章》。

79 司马牛来访

公元前484年，六十八岁的孔子终于结束了十四年动荡不安的周游列国生活，回到了他愈加思念的鲁国。二十四岁的子夏执着于对孔子学问的研究，毅然辞去卫国"小行人"职务，跟随孔子来到了鲁国。这是子夏拜孔子为师的第十个年头了，修身为政的学问越来越得到孔子的认可。孔子对回到鲁国新收的众弟子指正道："君子文采有三：'学《诗》使君子振奋立志，学《礼》让君子文质彬彬，学《乐》促君子学问得以大成。'①此三者，卜商学有大成，已有君子之风。各位孺子倘有学困者，请教卜商可也。"

前文说到公元前492年，孔子带领弟子经过宋国时，曾经遭到宋国司马桓魋的迫害。他的弟弟司马牛对哥哥的行径非常不齿，特别仰慕孔子的学问和人品。正是由于他的救护，孔子才平安离开了宋国。司马牛的这个哥哥在宋国深受当时宋景公的宠

---

① 参见《论语译注·泰伯篇第八》第8章。子曰："兴于《诗》，立于礼，成于乐。"

信，治国理政非常霸道。七八年时间过去了，司马牛看到哥哥司马桓魋野心膨胀，开始密谋篡夺君位，他进退两难，忧心忡忡。他打听到孔子已经回到鲁国，这位大夫身份的贵族子弟，来到鲁国，想向孔子请教解脱身心的良方和今后人生的方向。

公元前483年深秋的一天，子夏刚出孔子宅院，就见迎面驶过来一辆车子。车上是一位人到中年的瘦弱公子，虽然衣服华丽，很有品位，但满面忧郁，神思恍惚。子夏是个热心肠的人，赶忙迎上前深施一礼问道："敢问公子有何贵干？"司马牛拱手还礼道："我是宋国人，姓司马名牛，是专程来鲁国求教孔圣人的。请问这里可是鲁国圣人孔老夫子的宅邸？"子夏对司马牛也颇有耳闻，在历经宋国之难时，就听子贡介绍过他和哥哥司马桓魋人品不同，赶忙热情接待说："早已听过您的大名。多年前我们师徒能在宋国摆脱您兄长的刁难，还多亏您从中劝阻保护啊！正好夫子在家，请您随我入内吧。"

子夏吩咐御者安顿好车马，就领着司马牛来到孔子居室。孔子对于多年前在宋国蒙难的经历记忆深刻，事后得知是司马牛对兄长司马桓魋的劝谏，帮助他们师徒一行顺利离开宋国，就一直非常欣赏司马牛的为人。今天见到司马牛来到鲁国求教，非常高兴。

司马牛先是向孔子介绍了现在宋国的情况。宋景公虽然修养不错，有强国的意愿，但有偏听偏信的弱点，对司马桓魋过度依赖，造成了桓魋势力一支独大。

孔子对于司马牛兄长司马桓魋为政奢侈霸道，早有耳闻。

他早年在宋国见桓魋役使好多工匠劳作，为自己打造石质套棺，用了三年时间还未做成，把工匠们都累病了。孔子对此愤然评论道："像司马桓魋这样奢侈，还不如死了快点腐烂的好啊！"孔子政见在各国是很有影响力的，这话传到司马桓魋那里，自然让他怀恨在心。这就是孔子过宋遭到司马桓魋迫害的原因。孔子接着请司马牛介绍一下他兄长桓魋在宋国的现状。司马牛介绍时，神情焦躁，说话急促，缺乏条理，表达了他对兄长独揽朝纲、觊觎君位的不满和担忧。

司马牛随后便开始向孔子请教他的人生困惑。他先是向孔子请教了何以为"仁"的人性修养问题。孔子面对司马牛多言而躁的忧郁状态，对其指正道："仁德之人，说话应谨慎迟钝。"司马牛不解地问："说话谨慎迟钝，就可以算是有仁德了吗？"孔子进一步教诲道："事情做起来，往往不容易，说话能不谨慎迟钝吗？" ①

司马牛听了孔子的教诲，若有所思地点点头，心怀忐忑地提出了第二个问题："兄长所为，令我进退两难。敢问夫子，我怎么做才能成为君子呢？"孔子针对他心神不安的精神状态，指正道："做到'不忧不惧'，就可以成为君子了。"司马牛急切地追问：""不忧不惧'，真的能成为君子吗？"孔子以反问的方式教

---

① 参见《论语译注·颜渊篇第十二》第3章。司马牛问仁。子曰："仁者，其言也讱。"曰："其言也讱，斯谓之仁已乎？"子曰："为之难，言之得无讱乎？"

诲道："自己问心无愧，那还有什么可以忧愁和恐惧的呢？"①

司马牛听后，若有所思，对于今后自己的为人方向似乎明白了许多。他觉得既然不能阻止兄长胡作非为，那就洁身自好，做一个自身清白的仁人君子。想到这里，他又有些怅然若失，慨叹道："别人都有好兄弟，单单我没有。真是我的悲哀啊！"孔子听后，对一直陪侍的子夏说道："卜商，你给司马牛开解一下，怎么样？"子夏非常同情司马牛这种忧虑的心理状态，上前握着司马牛的双手，真诚建言道："牛兄，我听说：死生有命，富贵在天。君子勤奋敬业，避免过失，待人谦恭有礼，则四海之内，到处都会遇到敬业有礼的好兄弟。"②接着，子夏又安慰司马牛道："今日，牛兄既受夫子教诲，就是孔门弟子。孔门弟子，都是志同道合的好兄弟啊！"

司马牛请教至此，一扫满脸愁容，大彻大悟道："兄弟亲情，尽己之力；人各有志，贵在自律。子夏弟所言'四海之内皆兄弟'，真是至理名言，顿解我心之忧啊！牛已悟今后人生道路。多谢夫子教诲，多谢子夏开解。"

亲爱的读者，司马牛和子夏还会有更进一步的深入交往吗？请您继续品读子夏"解惑樊迟"的故事。

---

① 参见《论语译注·颜渊篇第十二》第4章。司马牛问君子。子曰："君子不忧不惧。"曰："不忧不惧，斯谓之君子已乎？"子曰："内省不疚，夫何忧何惧？"

② 参见《论语译注·颜渊篇第十二》第5章。司马牛忧曰："人皆有兄弟，我独亡。"子夏曰："商闻之矣：死生有命，富贵在天。君子敬而无失，与人恭而有礼。四海之内，皆兄弟也——君子何患乎无兄弟也？"

80　解惑樊迟

　　司马牛接受子夏的盛情挽留，在孔家住了一段日子，对子夏的学问修养更加钦佩了。当他跟孔门弟子樊迟交流子夏对他的开解时，樊迟拍手叫好道："真是学要有思，思要有问。我请教夫子的疑惑，总算找到解铃人了。"于是司马牛陪着樊迟马上找到子夏，樊迟向子夏道出了不久前向孔子请教的疑惑。

　　原来有一天，樊迟争取到了一次为孔子驾车访客的机会。驾车途中，孔子告诉樊迟道："孟孙向我请教什么是孝道。我告诉他，孝道就是不要违背礼节。"樊迟没有听明白，就问孔子："您能给我说说具体的意思吗？"孔子进一步向樊迟解释道："具体的意思就是：父母活着，要依照规定的礼节侍奉他们；父母死后，要依照规定的礼节丧葬他们，祭祀他们。"[①]樊迟谢过孔子

---

① 参见《论语译注·为政篇第二》第5章。孟懿子问孝。子曰："无违。"樊迟御，子告之曰："孟孙问孝于我，我对曰，无违。"樊迟曰："何谓也？"子曰："生，事之以礼；死，葬之以礼，祭之以礼。"

的教诲，便又向孔子请教关于"仁"的问题。孔子针对樊迟长于军旅、喜欢田圃、缺乏对仁义之道深刻思考的特点，教诲道："仁者必有爱人之心。"樊迟还不满足，又进一步请教："敢问夫子，什么是智？"孔子认为智者就是通达人性、举贤选能的人，于是教诲道："智者必有知人之能。"樊迟对学问的理解能力比较迟钝，没有明白孔子的意思，疑惑道："夫子'知人'之言，能再详细讲解一下吗？"孔子具体解释道："把正直的人提拔出来，位置在邪恶的人之上，能使邪恶的人正直。"樊迟听后，若有所思，却又不甚明了。此时车子已到目的地，樊迟就没有继续请教下去，所以一直疑惑未消。

今日听到司马牛对子夏的推崇，樊迟连忙拉着司马牛，来向子夏请教了："子夏老弟，前些日子我去向夫子请教怎么样可以称得上'智'，夫子说'举直错诸枉，能使枉者直'。我愚钝不明，请问是什么意思啊？"子夏听后拍手赞叹道："仰之弥高，钻之弥坚。夫子'举直错诸枉，能使枉者直'的教诲，是多么富有重大意义的智慧啊！舜有了天下，在众人中挑选，把皋陶（gāo yáo）提拔出来，坏人就难以欺压百姓了。汤有了天下，在众人中挑选，把伊尹提拔出来，坏人就难以破坏社会治理了。'[①] 鲁国现在的当政者如果能行夫子知人之政，何愁国家不会强大起来

---

① 参见《论语译注·颜渊篇第十二》第22章。樊迟问仁。子曰："爱人。"问知。子曰："知人。"樊迟未达。子曰："举直错诸枉，能使枉者直。"樊迟退，见子夏曰："乡也吾见于夫子而问知，子曰：'举直错诸枉，能使枉者直'，何谓也？"子夏曰："富哉言乎！舜有天下，选于众，举皋陶，不仁者远矣。汤有天下，选于众，举伊尹，不仁者远矣。"

呢？"樊迟拱手谢道："夫子，真智者也。以正直者执政，则会政令畅通，造福百姓。如若夫子执政，鲁国必会大治。你真是夫子的优秀弟子，可以为师大家了。"自此，子夏为同门弟子解惑的名声不断传扬出去。孔子年事已高，四方之士来拜孔子为师者，就开始分派给得意弟子如颜回、冉雍、子游、子夏、子张、闵子骞和曾参等人。子夏也开始有自己的门人了。

亲爱的读者，子夏跟随孔子归鲁后，有没有再回自己的母邦卫国呢？请您继续品读子夏接受孔子教诲"回乡尽孝"的故事。

81 回乡尽孝

　　子夏跟随孔子回到鲁国快一年的时候，很想回到故乡去看看自己的老母亲。原来子夏的父亲因参与卫国对外战斗，不幸身亡，如今只剩下身体有病的母亲带着儿媳和孙子辛苦度日。一天，孔子召集弟子，开展孝道讨论。子夏和孟武伯、子游、曾参、闵子骞等弟子都参加了这次讲学。大家纷纷向孔子提出自己关心的孝道问题。

　　孟武伯是鲁国大夫，孟懿子之子。孟武伯经常带兵打仗，请教孔子如何对父母尽到自己的孝心。孔子想了一下，建议道："对于远离家乡的军旅之人，做父母的最关心孩子的健康，常常为孩子的疾病发愁。如果你能经常向父母寄送家书，常报平安，就算是尽到孝心了。"①

　　曾参请教孔子道："敢问夫子，弟子孝顺父母，最低要求是

----

　　① 参见《论语译注·为政篇第二》第6章。孟武伯问孝。子曰："父母唯其疾之忧。"

什么？"孔子指点道："身体发肤，受之父母，不敢毁伤，孝之始也。①珍惜自己的生命，不做无谓牺牲，也是尽孝之道。"

子夏也提出了自己的孝道问题："敢问夫子，孝敬父母，经年累月，难免倦怠，能够顺从可算得上是尽孝道了吧？"孔子教诲道："能够如此，还算可以。但不如恭敬父母，始终如一。说起孝道，最是'色难'，即儿子在父母面前能经常保持愉悦的神色。父母有事情，年轻人为其效劳；有好酒美食，先让父母品尝，这难道就可以算是尽到孝心了吗？"②子夏顿悟道："多谢夫子教诲。商虽愚钝，也要遵从夫子教诲，恳请回乡探视母亲，以便尽到孝心。"孔子欣然答道："树欲静而风不止，子欲养而亲不待。③卜商孝心可嘉，请速返乡尽孝吧。"

于是，子夏日夜兼程回到了自己的家乡——卫国温邑，见到了辛苦抚育自己的老母亲。母亲年逾六旬，头发花白，虽有子夏以前为官卫国"小行人"薪俸补贴支撑，但为了子夏媳妇及孙儿一家人的生计，仍然整日处于劳作中。

子夏回家即为夫人、儿子立下家风誓词："恭敬父母，礼敬祖母；对上言辞，和颜悦色；里仁为美，仁爱相处。"子夏回家不到半月时间，邻里们就感受到了他家风的明显变化：原先调皮的儿子尽管才五六岁，却已跟父亲诵读《关雎》了；原来抱怨婆

---

① 参考《孝经》首章。

② 参见《论语译注·为政篇第二》第8章。子夏问孝。子曰："色难。有事，弟子服其劳；有酒食，先生馔，曾是以为孝乎？"

③ 参考《孔子家语通解·卷二·致思第八》。

媳不和的母亲，开始逢人即笑，畅言儿媳和孙儿的懂事体贴了。不到一个月的时间，临近乡邑已有不少好学子弟前来拜师子夏。子夏的院落里，不断传出之乎者也、弦乐诵读之声。

卫出公听说子夏回国的消息，非常高兴，也派人前来慰问，为子夏送来了贵重的礼品，希望他留在卫国，为自己效力。温邑在子夏的影响下，也慢慢成为《诗》《书》《礼》《乐》之乡了。

亲爱的读者，子夏会在卫国一直陪伴母亲尽孝吗？接下来他的人生轨迹会发生什么改变呢？请您继续品读子夏接受孔子举荐"为莒父宰"的故事。

82 为莒父宰

　　鲁国的季康子，刚刚查办了意欲作乱的莒父宰及其团伙，前来拜访国老孔子，希望孔子能为他推荐一位敢作敢为的弟子担任莒父宰。孔子认为治理莒父需要一位智勇兼备的为政者，便向季康子推荐了自己非常器重的年轻弟子子夏。

　　季康子对子夏担任卫国小行人时的杰出才能已有耳闻，欣然接受了孔子的推荐，立即派人携带聘书赶赴卫国，诏令子夏回鲁国任职。

　　子夏刚刚回乡三个多月就要踏上仕途，真有些舍不得离开家乡，还想在母亲面前继续尽孝。此时子夏母亲虽然病弱，可看到儿子学业有成，振兴了卜家门风，心中非常欣慰，十分感激孔子对儿子的教诲，让儿子名扬卫国和鲁国，于是要求儿子赶快返回鲁国，接受孔子的推荐。

　　二十五岁的子夏在母亲的一再催促中，恋恋不舍地告别老母妻儿，回到了鲁国。他见到孔子，欣喜地汇报道："虽然列国君臣没有认真采纳儒家治国学说，但是应用儒学教习《诗》《书》《礼》《乐》、教化民风却很有成效。请问夫子，推荐我为莒父宰，我应该如何为政呢？"

孔子思忖片刻，指导说："莒父乱象多年，积重难返，为政须有恒心。不要图快，不要为小利束缚。欲速，则不达；为小利诱惑，就办不成大事。①"

子夏记下了孔子的教导，就赶赴莒父上任了。他到莒父之后，并不急于实施新政，而是用一个多月的时间进行了广泛的走访调查，确定了以民生衣食为主、以教化百姓为辅的治理策略。他首先带领莒父百姓兴修了一条十几里长的农田沟渠，和邻近的大河相连，实现了周围农田的庄稼灌溉。接着他规范了城内工商业管理，禁止哄抬价格，以官家作保的方式，允许农家免息赊欠，先获得农具，待收成之后再结账付清。子夏的这些施政措施，很快收到立竿见影的治理效果，莒父当年两季庄稼都有了明显的增产效果。莒父地区五谷丰登，百姓普遍家有余粮，鱼盐丝铁，百工兴旺。

子夏治理莒父的美名传到孔子那里，孔子立即派冉求前来考察。冉求考察的结论是：民已温饱，教化初成，为政有方。冉求请子夏介绍为政心得，子夏道："坚持以民为本，必能为政成功。君子必须得到信仰以后，才去动员百姓，否则，百姓会以为你在折磨他们；必须得到信任以后才去进谏，否则，君上会以为你在

---

① 参见《论语译注·子路篇第十三》第17章。子夏为莒父宰，问政。子曰："无欲速，无见小利。欲速，则不达；见小利，则大事不成。"

毁谤他。^①"

孔子听了冉求的汇报，欣慰地赞赏子夏道："君子成长之道正如卜商所言——'广泛学习坚定志向，恳切发问善于思考，仁义道德蕴含其中'^②。卜商也做到了。"

亲爱的读者，子夏会一直在莒父做官吗？他的人生成长轨迹还会有什么变化呢？请您继续品读子夏听闻母丧后"辞官守孝"的故事。

---

① 参见《论语译注·子张篇第十九》第10章。子夏曰："君子信而后劳其民；未信，则以为厉己也。信而后谏；未信，则以为谤己也。"

② 参见《论语译注·子张篇第十九》第6章。子夏曰："博学而笃志，切问而近思，仁在其中矣。"

83 辞官守孝

子夏为莒父宰任职刚满一年，即传来母亲病逝的噩耗。子夏顿时悲痛欲绝，连忙向国君递交辞呈，向孔子报告母丧，回家奔丧守孝去了。孔子知道了，立即派子贡代表自己前往卫国，去吊唁慰问。

子夏在为母亲守丧的三年中（孔子所言三年之丧，实指25个月，非三整年36个月），一直潜心研究古代为政典章，记录了自己多篇读书的心得，积累了不少为政为学及其修身齐家的真知灼见，水平又有了很大提升。子夏为母守孝期满，与同样为父守丧期满的闵子骞一起回到了孔子身边。子贡陪侍孔子，见证了孔子考察子夏和闵子骞守丧期满的表现。

子夏神色略带忧伤，但说话语气保持平静，彬彬有礼地向孔子问安。孔子对陪侍的子贡说道："请把琴给卜商。我要听听他的弹奏。"子夏整理了一下自己的心绪，节奏和谐地弹奏起来。一曲弹奏完毕，子夏恭敬地站起来对孔子说："我遵循先王制定的丧期礼仪，已经期满，弹琴要恢复和谐境界，不敢不达到。"孔子和蔼地评价子夏道："卜商如此表现，可以算得上君子了！"

闵子骞仍是满脸悲切，说话语气仍显哀伤，低头哽咽着向孔子问安。孔子对陪侍的子贡说道："请把琴给闵损。我也要听听他的弹奏。"闵子骞擦去脸上的眼泪，控制着心中的悲伤，断断续续地弹完了一曲，神色惶恐地站起来对孔子说："我遵循先王制定的丧期礼仪，刚刚期满，弹琴还没恢复应有境界，不敢不努力。"孔子诚恳地评价闵子骞道："闵损如此表现，也可以算得上君子了！"

一直陪侍在旁的子贡请教孔子："夫子，子夏悲哀已尽，夫子评价他是君子；闵子悲哀未尽，夫子评价他也是君子。两个人的感情表现不同，而您都评价为'君子'。赐对此疑惑，所以大胆地向您求问。"孔子解释道："子夏悲哀已尽，能引导感情趋向礼制；闵子骞悲哀未尽，也能用礼制约束自己。我即使把他们都评价为君子，不也是可以的吗？"[1]子贡听后恍然大悟道："赐也愚钝，多谢夫子教诲。"

子夏面对各国战乱频繁、民不聊生的世道，想研究其中的规律，于是开始向晚年的孔子请教《易》学。亲爱的读者，子夏和他的老师孔子是怎样切磋《易》学的呢？请您继续品读子夏与孔子"师徒研《易》"的故事。

---

① 参考《孔子家语通解·卷第四·六本第十五》。

84　师徒研《易》

　　孔子在周游列国的动荡生活中，曾对弟子们说过："如果能让我多活几年，五十、六十岁的时候继续研习《易》学，我就不会有大的过失了。"①

　　孔子晚年回到鲁国后，主要投身到整理文献、编撰《春秋》等文化教育事业上，有了一定的闲暇时间，便对《易》做了更深入的研读。为了深入研究这部奇书，以便给弟子传授，他不知翻阅了多少遍。这样读来读去，把串联竹简的牛皮绳子都磨断了多次，不得不换上新牛皮绳子。这就是"韦编三绝"这个成语典故的来历。②《易》汉时统称《周易》，主要由《易经》与《易传》两部分组成，《易经》六十四卦内容，据传是周文王被商纣王囚禁时期根据伏羲八卦演绎而成；《易传》又称"十翼"，

---

　　①《论语译注·述而篇第七》第17章。子曰："加我数年，五十以学《易》，可以无大过矣。"

　　② 参考《史记·孔子世家第十七》。

由《文言》、《彖》上下、《象》上下、《系辞》上下、《说卦》、《序卦》和《杂卦》组成，据传是由孔子解说《易经》六十四卦，以子夏为首的弟子们记录编写而成。①

孔子知道子夏对《易》学研究非常痴迷，就经常让子夏陪侍他研读《易》学。有一天，子夏陪侍孔子读《易》。孔子读到《损》《益》二卦时，长长地叹了口气。子夏避席问道："请问夫子，因何感叹？"孔子答道："那些谦虚的人，一定会有所补益；那些自满的人，必然会有所缺失。我因此而感叹。"

子夏问："难道通过学习不能有所补益吗？"孔子教诲道："你说的是学问的增长，而不是'道'的增加。道越是增加，自己就会越感到不足。学者如果能够认同个人不足甚多，以谦虚的态度接受别人的指教，就能达到盈满的程度。凡是自满而又能保持长久的人，是不曾有过的。比如从前尧登上治理天下的位子，仍然诚信恭敬地待人，能够用谦让的态度对待臣下，因此千百年来名声日盛，到了今天更加显著。夏桀、昆吾自满而没有限度，恣意妄为，不加节制，斩杀老百姓如同割草一样，天下人讨伐他们如同诛杀独夫民贼，所以千百年来罪恶越发彰显，到了今天也没有消失。由此看来，你们这些跟我学习的弟子们，如果走在路上，就要让年长者先走，不要抢先。如果乘车，遇到三个人就应该下车，遇到两个人就应该扶轼而立，以示敬意。调节盈满和空虚，不让自满情绪发生，就能保持长久。"子夏听了这些教导，

---

① 参考《周易》前言。

心悦诚服地表达出自己的心声："我请求记下您的这番教诲，告知我的同门，并和大家终身奉行。"

子夏跟随孔子对《易》进行深入研究，成为孔门精通《易》学的首席弟子。孔子晚年曾对曾参说过："吾死之后，则商也日益，赐也日损。"并对曾参解释道："卜商喜欢与比自己贤能的人相处，而端木赐喜欢与那些不如自己的人相处。与贤能的人相处，如入芝兰之室，久而不闻其香，就是与之同化了；与不如自己好的人相处，如入鲍鱼之肆，久而不闻其臭，这也是与之同化了。"①

亲爱的读者，子夏还会协助孔子进行哪方面的学术研究呢？请您继续品读子夏"助修《春秋》"的故事。

---

① 本故事参考《孔子家语通解·卷第四·六本第十五》。

85　助修《春秋》

　　子夏在向孔子学《易》的过程中，还和颜回、子游、子张等孔门优秀弟子协助孔子完成了他晚年最重要的一项文化事业，那就是编修《春秋》。

　　孔子毕生以辅佐周成王振兴周王朝的周公为自己的施政楷模，以克己复礼为己任，致力于恢复西周时期"君君、臣臣、父父、子子"尊卑有礼的旧有社会秩序。周公，姓姬名旦，是周文王姬昌的第四个儿子，周武王姬发的弟弟。他曾两次辅佐周武王东伐商纣王，并创制礼乐文化典章制度。因其采邑在周，爵位上公，故称周公。只是孔子所处的时代，诸侯争霸，大国欺弱，小国自危，没有哪位诸侯国的当政者愿意接受他仁义礼乐治国的理念，才导致他十四年周游列国处处碰壁，一无所成。

　　孔子晚年回到鲁国后，面对各国战乱频繁、没有国君大臣施政儒家学说的无奈现状，曾对颜回、子夏、子游和子张等弟子哀叹道："我衰老得好厉害呀！我有好长时间没再梦见周公了！"①

　　尽管如此，孔子仍保持着对自己创建的儒家学说的坚定自信，并认为他的大同社会的理想是有历史根据的。他对子夏等弟子表达了他新的想法："社会发展，终须以史为鉴；后人治国，仍应尊卑正名。我想和我最敬重的好友鲁国史官左丘明合作，以儒学理念编修鲁国《春秋》，以向后世彰明我的治国为政理念。言偃、卜商尤善文学，颜回、颛孙师博学多识，都可助为师一臂之力。"

　　于是，子夏接受孔子委托，挑选了十四名年轻优秀的孔门弟子，带领他们来到周国史馆借抄史书。在子夏的主持下，废寝忘食，短短一个月的时间，大家就抄录了一百二十国史书，然后日夜兼程，马不停蹄地运送回鲁国。正好孔子在鲁国史官左丘明协助下，也大体拟定了《春秋》史书的起始年份和鲁国国君更替框架。

　　子夏回来后，就全身心投入协助孔子编修《春秋》的工作中。孔子对照鲁国史书和子夏带回来的各国史书口授，子夏独自承担起了《春秋》文本的刻写工作，充分感受到了孔老夫子对《春秋》那种从未有过的严谨编修态度，每一个词、每一句话，都要掂量斟酌，可以说是真正做到了一丝不苟，精益求精。

　　亲爱的读者，子夏还为孔子编撰《春秋》做了哪些贡献呢？请您继续品读子夏敬遵师命"传承《春秋》"的故事。

---

　　① 参见《论语译注·述而篇第七》第5章。子曰："甚矣吾衰也！久矣吾不复梦见周公！"

86　传承《春秋》

　　鲁国史官左丘明对孔子编修《春秋》也一直非常热心，经常征询子夏对孔子编修《春秋》的看法。子夏钦佩地告诉左丘明："夫子编纂《春秋》，微言大义，褒善贬恶，吴楚国君虽自称王，而夫子《春秋》贬之为'子爵'。夫子觉得应书者必书，应删者必删。就是像我和子游这样擅长'文学'典章的弟子，一个字、一句话也不能给他增删。只是夫子《春秋》文辞过于简约，后世者恐难解其意。"左丘明向子夏提议道："夫子《春秋》，一言九鼎。但记载史料过于简约，非至圣君子，难解《春秋》金玉良言。一旦夫子《春秋》成书定稿，你可助吾一臂之力为夫子《春秋》作传否？"子夏慨然应诺。相传左丘明就是《左传》的作者，而子夏就倾心参与了《左传》的编写工作。据专家考证，《左传》中"君子曰"的赞语，就是子夏添加的。[①]

---

　　① 参考《史记·孔子世家第十七》。

再说子夏协助孔子编修《春秋》到鲁哀公十四年秋天的时候，传来鲁人捕获"怪兽"的消息。大家都不认识这头怪兽，于是请最博学的圣人孔子去辨别一下。此时，孔子已年过七旬，子夏陪孔子过去看到了那头受伤的野兽。孔子立即断定说："哎呀，这是麒麟啊！它在这无道的世界里，来得多么不是时候啊！"说罢孔子泪满衣襟，让子夏和众人把这头麒麟运回了自己院中。孔子回到自己家里，看着受伤的麒麟，面对着子夏等一帮门生，哀叹道："麒麟受困，吾道穷矣。"他指着书案上的《春秋》竹简说："凤凰不飞来了，黄河也没有图画出来了，我这一生恐怕是完了吧！①后人了解我的，将是因为《春秋》；后人怪罪我的，也将是因为《春秋》啊。②我修《春秋》，今书'西狩获麟'应该收笔了。能传我《春秋》的弟子，应该是卜商吧！"③

子夏连忙上前，恭敬接话道："夫子忧天下无道，修《春秋》废寝忘食，自鲁隐公至今历十二代君主，计为二百四十二年，弑君三十六，亡国五十二，诸侯奔走不得保其社稷的，更不可胜数，尽在夫子《春秋》中。夫子的春秋笔法，一字之褒，如同华衮之荣；一字之贬，无异斧钺之诛。夫子成《春秋》，而乱臣贼子惧。弟子商定不负夫子嘱托，必将《春秋》义理传布于华夏诸国，以供后世治国明君借鉴。"

---

① 参见《论语译注·子罕篇第九》第9章。子曰："凤鸟不至，河不出图，吾已矣夫！"

② 参见《孟子译注·滕文公章句下》。

③ 参考《左传·哀公十四年》。

271

孔子去世，子夏虔诚地为其守孝三年。子夏为孔子守孝期间，把对孔子的哀思都寄托在了协助左丘明为《春秋》作传的工作中。他们以孔子的《春秋》为提纲，对《春秋》经典句章进行了逐一解读，经常是将《春秋》经句做题目，具体讲述这个事件的来龙去脉。

子夏在孔子去世后，一直发挥着《春秋》传人的使命作用。史料曾有记载，说是子夏后来回到魏国，曾向国君大臣宣讲《春秋》之道："《春秋》上记载臣杀君、子杀父的事件，要以十为单位来计算。这不是一天一月就都积累起来的，而是成年累月逐渐积累的。所以诸侯大夫治理国家不可以不学《春秋》。不学《春秋》，就无法预见国家治理将要出现的祸乱，就不知道统治国家的关键策略，更不明白国君为政的任重道远。"子夏在门人中选择智者传授《春秋》。他把《春秋》传授给门人公羊高，便有了代代相传的《春秋公羊传》；他把《春秋》传授给门人谷梁赤，又有了代代相传的《春秋谷梁传》。

亲爱的读者，子夏在孔子去世后，和他的同门是怎样传承弘扬孔子学说的呢？请您继续品读子夏与同门"建庙护孔"的故事。

87　建庙护孔

　　孔子去世后，孔门弟子们在子夏、子游、子张和曾参等年轻弟子带领下，很快以孔宅为中心，开始了孔庙建设，目的是展示孔子生前的车琴服饰，以满足前来瞻仰孔子的各国学子的迫切愿望。鲁哀公及其执政大臣季康子想借助孔子名声扩大鲁国影响，也对这些孔门弟子修建孔庙给予了大力支持。

　　就在孔庙建设期间，子夏作为孔子的得意门生，在诸侯列国学子心目中的名气，与曾参、子游、子张不相上下，他们被誉为孔门晚辈弟子四杰。据传各国前来鲁国求学的弟子，大部分都投到了他们四人门下。子夏、子游、子张和曾参四人教学主张不同，逐渐形成了各自的学派特色。子夏主张守信为先，言出必诺，因此形成了子夏特色的儒家"守信学派"；子游精通礼学为政，坚持孔子克己复礼之道，因此形成了子游特色的儒家"尊礼学派"；子张沉迷儒学言行研究，提出言行相济的儒士观点，因此形成了子张特色的儒家"气质学派"；曾参主张守孝为根，非孝勿善，因此形成了曾参特色的儒家"唯孝学派"。他们在孔子之后，开启了我国战国前期诸子百家争鸣的先河。

经过整整一年的忙碌，子夏与同门弟子共同参与的孔庙就基本建成了。孔庙启用开放之日，子贡与冉求就在同辈学友冉雍、闵子骞、宰予、有若及晚辈学友子夏、子游、子张、曾参等协助下，召开了一次约七十名孔门弟子参加的追忆先师孔子大会，讨论如何继承孔子儒家学说、坚定维护孔子圣人形象。

子贡为什么要召开这次孔门弟子大会呢？原来，孔子去世后，鲁国有不少大臣开始非议孔子，他们以曾在鲁国、后到齐国担任外交大臣的子贡为吹捧对象，企图以高捧子贡来贬损孔子。其中最突出的就是鲁国大夫叔孙武叔。他先是在鲁哀公的朝堂上公然对朝臣宣扬"子贡贤于仲尼"[①]，受到子贡坚决否定后并未罢手，反而趁子贡离鲁赴齐，继续诋毁孔子。子贡听说后，毫不畏惧，斥责诋毁仲尼的人"多见其不知量也"[②]。令子贡痛心的是不仅孔门外的人诋毁孔子，就连孔门内的人，也开始对诋毁孔子的声音半信半疑了。陈子禽就是这样一位追随子贡、对孔子学问产生动摇者。他听到子贡对诋毁孔子声音的自谦与辩驳，竟然半信半疑地认为是子贡对孔子的客气谦让，提出了"仲尼其贤于子乎"这种子贡认为是大逆不道的看法，受到了子贡的严厉训

---

① 参见《论语译注·子张篇第十九》第23章。叔孙武叔语大夫于朝曰："子贡贤于仲尼。"

② 参见《论语译注·子张篇第十九》第24章。叔孙武叔毁仲尼。子贡曰："无以为也！仲尼不可毁也。他人之贤者，丘陵也，犹可逾也；仲尼，日月也，无得而逾焉。人虽欲自绝，其何伤于日月乎？多见其不知量也。"

斥。①子贡有鉴于此，感觉很有必要召集孔门弟子，研究维护孔子地位、突显孔门学说的办法。

　　这次会议，由子贡和冉雍、闵子骞、宰予、有若五位孔门前辈弟子主持，子夏、子游、子张、曾参等孔门晚辈弟子做组织记录工作。子贡首先开言道："夫子生前'学而不厌、诲人不倦'，弟子弥众，终生力推周公之道不辍，圣人名望传于诸侯。近来有鲁国大夫诋毁夫子，更有孔门弟子半信半疑，怎能不让我们孔门弟子忧心忡忡呢？这次孔庙启用开放，召集孔门弟子七十余众论学，有三大主题：褒孔子，贬门生，尚儒学。"

　　宰予接言道："早年夫子批我昼寝废学，促我言行一致；我争孝期三年减为一年，夫子责我不仁。夫子教诲使我真明君子之道。以予观于夫子，贤于尧舜远矣！"②子贡接着宰予话题继续道："早年夫子评价我为'瑚琏'，'器也'，③促我深思君子品质，如切如磋，如琢如磨；④夫子责我'方（谤）人'，⑤教导我做

博学笃志篇——子夏

275

　　① 参见《论语译注·子张篇第十九》第25章。陈子禽谓子贡曰："子为恭也，仲尼岂贤于子乎？"

　　② 参考《孟子译注·公孙丑章句上》。

　　③ 参见《论语译注·公冶长篇第五》第4章。子贡问曰："赐也何如？"子曰："女，器也。"曰："何器也？"曰："瑚琏也。"

　　④ 参见《论语译注·学而篇第一》第15章。子贡曰："贫而无谄，富而无骄，何如？"子曰："可也；未若贫而乐，富而好礼者也。"子贡曰："《诗》云：'如切如磋，如琢如磨'，其斯之谓与？"子曰："赐也，始可与言《诗》已矣，告诸往而知来者。"

　　⑤ 参见《论语译注·宪问篇第十四》第29章。子贡方人。子曰："赐也贤乎哉？夫我则不暇。"

人自谦。以予观之自生民以来，未有如夫子也！"①有若进一步强调道：夫子"出于其类，拔乎其萃。自生民以来，未有胜于孔子也！"②一直旁听记录的子夏听到这里，对夫子的教诲感激之情喷薄而出："博学而笃志，切问而近思，仁在其中矣③，夫子教诲弟子写照也。子温而厉，威而不猛，恭而安，④真圣人也。当务之急，当集夫子教诲弟子为学、为友之言，夫子与弟子切磋为政之道，成书传于后世，则褒孔子，传儒学，可成。"

　　子贡听罢子夏之言，拍手叫好；冉雍听到子夏建议，连声赞妙；就连一向寡言的闵子骞，也露出了久违的笑容："夫子在，观弟子之志；夫子没，激弟子之行。子夏之言，足以崇夫子，弘儒学。"于是子贡提议："今日孔门集会者，弟子七十余众。未能集会者，亦数百千众。请以孔门弟子'文学'最优者子夏和子游为集录者，以闵子骞、冉雍为裁定者，开启夫子'言语论道'的编纂工程吧。"曾参建议道："夫子之论，伦理孝道最著；夫子及其弟子'言语论道'，定名《论语》，大家意下如何？"子夏看到子贡点头称是，热情相邀："烦请曾参与子游、子张等，共集夫子《论语》吧。"

　　亲爱的读者，接下来子夏和他的同门，是怎样开展编撰孔子及其弟子言谈语录的呢？请您继续品读子夏"参编《论语》"的故事。

────────

　　① 参考《孟子译注·公孙丑章句上》。
　　② 参考《孟子译注·公孙丑章句上》。
　　③ 出自《论语译注·子张篇第十九》第6章。子夏曰："博学而笃志，切问而近思，仁在其中矣。"
　　④ 参见《论语译注·述而篇第七》第38章。子温而厉，威而不猛，恭而安。

88　参编《论语》

在子贡、冉求支持下，在闵子骞、冉雍把关下，子夏组织子游、子张、曾参以及他们的弟子，奔赴列国，广泛征集孔子生前对三千弟子的教诲，尤其是对健在的七十贤能弟子的教诲句章。子夏尤其关注已经去世的孔门弟子颜回、子路接受孔子教诲章句的搜集。

后世学者对于《论语》的编纂众说纷纭，《汉书·艺文志》载："《论语》者，孔子应答弟子时人，及弟子相与言而接闻于夫子之语也。当时弟子各有所记，夫子既卒，门人相与辑而论纂。故谓之《论语》。"东汉儒学大师郑玄认为，《论语》主要为"仲弓、子夏、子游"编纂。汉代纬书《论语崇爵谶》则说《论语》是子夏等六十四人所著。至唐柳宗元《论语辨》提出《论语》出自曾参弟子乐正春子、子思（孔伋，字子思）之徒的观点。

笔者综合前人学者关于《论语》主要编纂者的观点，推断《论语》编纂经历了群贤著录、编纂成书、增补定编三个阶段。

其中增补定编应该是曾参门人起到主要作用，所以《论语》称曾参为曾子，特别是孔子之孙子思，最有资格对《论语》书稿一锤定音。至于前两个阶段，正如清朝学者刘宝楠《论语正义》所云："要之《论语》之作，不出一人，故语多重见。而编纂成书，则由仲弓、子游、子夏首为商定。"子夏在《论语》中占据相当重要的地位。有人针对《论语》主要编纂者，从孔子对弟子评价、孔子与弟子答问、孔门弟子语录三方面对《论语》句章做了统计赋分，综合结果为颜回、子路、子贡之外，前四位依次是子夏、子张、子游、曾参。据统计，子夏在《论语》书中被提到的次数，在后期弟子中最多，为二十多次。在关于子夏的记述中，除了与孔子的问答外，单独或主要记述子夏言论的也有十多处，其中如"学而优则仕，仕而优则学""小人之过必也文"等章句脍炙人口，广为流传。

亲爱的读者，子夏在参与编纂《论语》之外，和他的同门学友在传承发展儒学的过程中，发生了哪些分歧呢？请您继续品读子夏"争鸣子张"的故事。

89　争鸣子张

　　孔子去世的前几年，他的弟子们聚墓而居，主要进行了三方面的工作。一是孔庙扩建工程，以便对孔子生前用品分类摆放展示。二是继续整理完善孔子的儒家学说著作：安排指导弟子门人誊抄六艺经书样本，以备对外讲学使用；整理孔子教化弟子的至理名言章句，辑录《论语》；回忆撰写孔子与国君、大臣及弟子问政、问学、问仁等方面的交流故事，辑录《孔子家语》。三是接待前来访问的列国大夫，特别是接待前来访问的学者、前来求学的士子。在这个过程中，子夏、子游、子张、曾参等孔门晚辈弟子，都招收了越来越多的弟子，开始像孔子那样传道授业解惑，弘扬儒家学说了。

　　子夏和子张这两位孔门晚辈优秀弟子，在孔子生前，就开始在孔子面前进行学术争论了。有一次，孔子路过康子，子夏和子张跟从。子夏和子张请孔子入座，两人整日就学问辩论，始终难分胜败。子夏说着说着，言语就变得狭隘，脸色也变得难看。

子张说："你是曾见过咱们夫子辩论时的神态的。夫子是这个样子的：言辞缓缓，虽然内容是辩论，但很和悦；威仪恭敬，先听取别人的论述，自己恭敬沉默，得理饶人，不会占理而狂。这样的德行像崇山一样高广，像大地一样无际，这是君子之道所在。然而，小人在议论时，认为只有自己的理解才是对的，一定要说别人的过失。瞪起眼睛，抓着手腕，很是激动。言语迅速，驳斥所有与自己不相合的观点，眼睛通红。一旦侥幸辩胜了，大喜狂笑，威仪不堪入目，言辞也鄙陋粗俗，所以君子看不起这样的人。"①子夏对子张这样的反击，据理力争："辩论双方的仪态神色，并不能取代辩论内容的正确与否。你这样节外生枝，就离开了我们辩论观点的本身。"

孔子对于子夏和子张关于"孝"和"慈"主从观点的争论，并没有给出定论。子贡对此比较性急，他很想知道子夏和子张到底谁更高明，就急切问孔子道："师与商这两个人，谁更强一些？"孔子沉思片刻回答："师呢，有些过分；商呢，有些赶不上。"子贡继续追问："那么，师要强一些吗？"孔子慨叹道："过分和赶不上同样不好。②中庸这种道德，才应该是最高的，大家已经是长久地缺乏它了。③你们应该追求中庸这种至高的道

① 参考《韩诗外传卷第九·第二十九章》。
② 参见《论语译注·先进篇第十一》第16章。子贡问："师与商也孰贤？"子曰："师也过，商也不及。"曰："然则师愈与？"子曰："过犹不及。"
③ 参见《论语译注·雍也篇第六》第29章。子曰："中庸之为德也，其至矣乎！民鲜久矣。"

280
孔门十哲

德境界。"

　　孔子去世后，子夏和子张的争论，进一步在他们的弟子层面延续。公元前469年，孔门弟子及其门人在孔子诞辰这一天，齐聚孔子墓前祭奠追思先师。

　　子夏和子张的门人聚在一起，谈起了如何结交朋友的话题。子夏的门人主张子夏的观点：无友不如己者①，志同道合者方能为友。子张的门人主张子张的观点：泛爱众，而亲仁②，应该与所有的人交朋友。双方门人争得不可开交的时候，正好子张走过来了。子夏的门人便向子张请教怎样交朋友。子张问道："你们的老师子夏，是怎么教导你们的？"子夏门人答道："卜子说过，朋友应该志同道合，可以交的就去交他，不可以交的就拒绝他。"子张听后摇了摇头，说："我所听到的与此不同：君子尊敬人，也接纳普通人；鼓励好人，同情无能的人。我是非常好的人吗，为什么对别人不能容纳呢？我是不贤能的人吗，别人会拒绝我，我怎么能去拒绝别人呢？"③

　　子夏的门人听后，觉得挺有道理，回去向子夏报告了双方门人及子张关于结交朋友的观点。子夏听后，笑着说："子张虽言

---

　　① 参见《论语译注·学而篇第一》第8章。子曰："君子不重，则不威；学则不固。主忠信。无友不如己者。过，则勿惮改。"

　　② 参见《论语译注·学而篇第一》第6章。子曰："弟子，入则孝，出则悌，谨而信，泛爱众，而亲仁。行有余力，则以学文。"

　　③ 参见《论语译注·子张篇第十九》第3章。子夏之门人问交于子张。子张曰："子夏云何？"对曰："子夏曰：'可者与之，其不可者拒之。'"子张曰："异乎吾所闻：君子尊贤而容众，嘉善而矜不能。我之大贤与，于人何所不容？我之不贤与，人将拒我，如之何其拒人也？"

之有理，却将交友误为成友。君子爱人而亲民，是孔老夫子的教诲。只是交往未必就能成为朋友。当年子贡曾向夫子问友。夫子是这样教诲的：'忠心劝告，善意引导，如不听从，不要强求，避免受辱。'①所以夫子才常教导大家：'有朋自远方来，不亦乐乎？'②这个"朋"字就是指有相同志趣的同道之人，如果道就不同，则难以结交为朋啊！"

　　亲爱的读者，读了子夏和子张及其门人争鸣的故事，您是否还想了解一下子夏和同门子游的争论呢？请您继续品读子夏"争鸣子游"的故事。

---

　　① 参见《论语译注·颜渊篇第十二》第23章。子贡问友。子曰："忠告而善道之，不可则止，毋自辱焉。"

　　② 参见《论语译注·学而篇第一》第1章。子曰："学而时习之，不亦说乎？有朋自远方来，不亦乐乎？人不知，而不愠，不亦君子乎？"

90　争鸣子游

子夏对门人推行"推己及人、身体力行"的教育理念，他牢记孔子"弟子，入则孝，出则悌，谨而信，泛爱众，而亲仁。行有余力，则以学文"①的教诲，特别强调"行有余力，则以学文"。因此，他给门人制定了洒扫、应对、进退之中自理、自治、待人的实施规则，要求弟子们入门一年内，先把这些为人处世的基本素质养成了，再进一步学习儒家的《诗》《书》《礼》《乐》学说，体悟为官辅君治民之道。因此，有几位刚到子夏门下学习的弟子，碰到了同期到子游那里学习的伙伴，说起近一年来的这种学习方式，流露出不理解的牢骚情绪。

子游的门人回去向子游做了汇报。子游以为这是子夏的长期教学模式，感叹道："子夏对弟子进行洒扫、应对、进退训练，是应该的，但这些都是为政治国学问的枝末。根本的《诗》

---

① 参见《论语译注·学而篇第一》第6章。

《书》《礼》《乐》辅君之道，不在其中，长此以往，怎么可以呢？"

没几天的时间，子夏听到子游的这些话，面对着已经入门一年的部分弟子，郑重地教诲道："前些日子，你们弟子中有向我学友子游诉苦的人，说整日洒扫、应对、进退，烦琐无益。但为师我认为，如果没有洒扫、应对、进退修身养性，纵有五车儒家学识，又怎么能去顺利实施呢？君子的学问之道，哪一项先传授呢？哪一项后传授呢？学问犹如草木，是要区别对待的。君子的学问之道，如何可以歪曲？依照一定的次序去传授学习、有始有终的，大概只有圣人吧！①对于君子之道，洒扫、应对、进退虽然是小的技艺，也一定有可取的地方，习学一载，再学君子大道，不必担心它会妨碍君子远大学问。②"

亲爱的读者，子夏就是在与子张、子游乃至曾参等同门弟子的儒学探讨中，开启了我国早期诸子"百家争鸣"的先河。但是同门诸多争鸣，往往众说纷纭，大大削弱了孔门学派的影响力。那么，子夏和他的同门想出了什么对策呢？请您继续品读子夏和同门尊崇孔子"寻找盟主"的故事。

---

① 参见《论语译注·子张篇第十九》第12章。子游曰："子夏之门人小子，当洒扫应对进退，则可矣，抑末也。本之则无，如之何？"子夏闻之，曰："噫！言游过矣！君子之道，孰先传焉？孰后倦焉？譬诸草木，区以别矣。君子之道，焉可诬也？有始有卒者，其惟圣人乎！"

② 参见《论语译注·子张篇第十九》第4章。子夏曰："虽小道，必有可观者焉；致远恐泥，是以君子不为也。"

91 寻找盟主

　　孔门弟子为孔子守墓三年，离去一批；子贡等弟子又守墓三年，再离去一批。这些离去的孔门弟子，人各有志。欲行孝者，回家侍亲无怨；欲求财者，周游列国经商；欲为官者，说服国君大夫施展才华。之后就剩下以传授孔门儒学为己任、招募四方学子的子游、子夏、子张、曾参等孔子晚年所收的弟子了。他们在孔庙与孔墓之间筑舍而居，与弟子切磋《诗》《书》《礼》《乐》等儒家文献，探讨辅君、驭民、爱人之道。

　　此时的子夏，已是人到中年，孔武有力，脸庞饱经风霜，一双睿智的眼睛透露着自信的光芒。他和子游、子张志趣相近，确定了传播儒学事业的基本策略，就是要继续坚持孔子有教无类、因材施教理念，根据弟子兴趣天赋有所侧重，如此持之以恒，必能育出大器之才。他们也面临着传播儒学的最大困惑：大家对孔子儒学的理解角度不同，产生了好多争议。就譬如人性是善是恶、血缘至亲与挚友至亲孰是孰非、君臣关系是礼贤下士重要还是忠君不二重要等，大家众说纷纭。现在没有了孔子这个权威，就谁也说服不了谁了。特别是墨翟学派，布道贫困民众，倡导兼爱、非乐、节葬、明鬼等观点，引发百姓共鸣，影响甚广。孔门儒学要想发扬光大，面临着严峻的挑战。因此，子夏、子游、子张多次探讨后，认为必须确立一个孔门儒学权威，担任盟主角色，方能聚集人气，传承光大孔门儒学事业。这时，子游向子夏和子张介绍了一件对寻找盟主很有启发的事。

不久前，有若向子游和曾参询问孔子对待"丢官"和"丧葬"的教诲。曾参告诉有若，孔子曾言"丧欲速贫，死欲速朽"。有若听后觉得不符合人之常情，告诉曾参说"是非君子之言也"，认为这不像是孔子的本意。曾参说子游当年和他一块听到孔子就是这样说的，连忙请子游过来作证。子游没有否认孔子说过这样的话，但他指出了曾参没有注意到孔子说这两句话的背景：孔子见到宋国司马桓魋奴役石匠制作石椁三年不成，耗费民力，才感叹"若是其靡也，死不如速朽之愈也"；孔子见自己的贵族弟子，鲁国的权臣南宫敬叔贪逃返朝，载宝面君，才发出"若是其货也，丧不如速贫之愈也"的感叹。有若听到子游的情况说明，才若有所思地点点头，对曾参和子游说道："夫子之道至大，不可断章取义；夫子之道至深，需要深化揣摩。"子夏听完子游经历的这件事情，非常认同子游对有若的评价："有子之言似夫子也"。①

---

① 参考《礼记译注·檀弓上第三》。

子夏整理孔门弟子学悟夫子学问至理名言，发现有若的悟道章句非常突出，特别是他说过的"孝弟也者，其为仁之本与"[①]的章句，非常准确地领悟了夫子的仁爱本源。想到这里，子夏激动地向子游和子张提议："咱们要找的那位可以替代夫子的孔门盟主，就应该是有若啊！如能推举有若作为夫子之后的位尊者，那不就可以解决我们弟子之间的学术争议了吗？"

亲爱的读者，您对子夏传承孔子儒家学说，是不是有了更深一步的了解？那么，接下来子夏和子游、子张等同门弟子是怎样推举有若做盟主的呢？请您继续品读子夏与同门"推举盟主"的故事。

---

① 参见《论语译注·学而篇第一》第2章。有子曰："其为人也孝弟，而好犯上者，鲜矣；不好犯上，而好作乱者，未之有也。君子务本，本立而道生。孝弟也者，其为仁之本与！"

92　推举盟主

　　子游和子张非常赞同子夏提出举荐有若为孔门盟主的提议，他们为此进行了充分的论证与策划，认为有若经历过保卫鲁国的战斗，遇事善于思考推理，深得国君器重，并经常向他请教治国之策。

　　有一次，鲁国遭遇旱灾，国库歉收，鲁哀公请教有若说："今年鲁国遭受饥荒，国家用度困难，请问你有何良策？"有若回答："为什么不实行彻法，只抽取百姓十分之一的田税呢？"鲁哀公不满地说道："现在征收百姓十分之二田税，我还不够用的，怎么能实行十分之一的彻法呢？"有若真诚地向鲁哀公建议道："治国必须以民为本。如果百姓的用度够，您怎么会不够呢？如果百姓的用度不够，您又怎么会够呢？"[①]有若的建议被鲁

---

　　① 参见《论语译注·颜渊篇第十二》第9章。哀公问于有若曰："年饥，用不足，如之何？"有若对曰："盍彻乎？"曰："二，吾犹不足，如之何其彻也？"对曰："百姓足，君孰与不足？百姓不足，君孰与足？"

哀公采纳了，鲁国上下都把有若视为有识之士。而且，有若身材高大孔武，在言论和相貌两方面，都和孔子相似，尊有若为师，肯定会得到孔门弟子的广泛支持。

于是，他们就此提议向子贡、闵子骞、冉雍、樊迟、曾参等孔门弟子进行了广泛游说。子贡和樊迟认为这是个不错的想法，冉雍和闵子骞不置可否，曾参明确表达了反对态度："不可以的。夫子就像在长江、汉水洗涤过，又如在夏天的烈日下暴晒过，光辉洁白得无以复加。夫子的伟大是谁也替代不了的。"[①]可是当子夏和子游质问解决孔门弟子学术之争的好办法时，曾参也只能漠然以对。子贡倡议道："夫子之道，一以贯之。众弟子如群雁，跟之随之。今群雁无首，众推有若试之，不亦可乎？"

很快，在子贡的应允下，子夏和子游、子张及其门人，举行了尊有若为孔门盟主的庄重仪式。地点就选在孔庙庭院的那棵大银杏树下。只见有若在子夏、子游和子张的拥戴下，就座于最上宾的位置，他们四人的门人在下面向有若行拜师之礼。

子夏主持了这次拜师仪式，庄重地说道："孔门儒学，孝悌忠信；夫子学问，无人超越。然弘扬儒学，应力戒众说纷纭，不给攻击孔门学说的人以可乘之机。今有孔门弟子高人有若，为人忠信，学问深厚，言行相貌皆似夫子，颇受国君敬重。自今日始，改称有若为有子。望大家侍奉有子如夫子。"

子游接话道："子夏之言，我与子张皆赞同。今后每月举行

---

① 参考《孟子译注·滕文公章句上》。

一次孔门儒学研讨活动，欢迎夏、游、张等门人问礼问政问学于有子。"

子张是孔子在世时最爱提问的孔门弟子，当场开始向有若请教道："夫子在世最为重礼，敢问有子，如何以礼化民呢？"有子朗声答曰："以礼化民，以和为贵。圣明先王治理百姓，贵在礼和为美。小国、大国都可实行。如遇不通之处，只是一味求和，不用礼制节制，也是不可以的。"①众门人弟子听后，顿觉心里豁然开朗。

子夏插言道："请教有子，信、恭与礼，如何对待？"有子略一沉思，雅言答道："信用合乎道义，就能兑现诺言。恭敬合乎礼仪，就能避免受辱。依靠血缘亲近的人，做事就有依靠了。"②有子的两轮精彩答复，让下面的门生弟子油然而生敬佩之情。子夏与子游、子张尊有若为孔门弟子盟主取得了初步成功。

亲爱的读者，您可知道，有若并未能长期代替孔子的位置。他是怎么被推下盟主圣坛的呢？请您继续品读曾参、高柴门人发难孔门盟主有若的故事。

① 参见《论语译注·学而篇第一》第12章。有子曰："礼之用，和为贵。先王之道，斯为美；小大由之。有所不行，知和而和，不以礼节之，亦不可行也。"

② 参见《论语译注·学而篇第一》第13章。有子曰："信近于义，言可复也。恭近于礼，远耻辱也。因不失其亲，亦可宗也。"

93　发难盟主

　　光阴似箭，日月如梭。转眼便迎来了孔子去世二十周年祭奠日，孔子生前的各国弟子及其门人汇聚到孔庙孔墓周围，由有若总领，子夏、子游、子张协助，举行了盛大的祭孔仪式。

　　仪式完毕后，有若正在盟主位置上招待来宾，突然曾参和高柴的门人向有若发难。曾参门人质问有若道："以前夫子让弟子外出带伞，天果然下雨。弟子敢问夫子何以知之。夫子说月亮挨着毕宿星辰，就会大雨滂沱。昨天晚上也是这种情况，敢问为什么没有下雨呢？"这一下还真把有若蒙住了。他尚未作答，高柴门人也发问道："夫子弟子商瞿年纪大了而没有儿子。孔子派商瞿出使他国一年，商瞿的老母亲对此向孔子表达了担忧，担心这会影响他们商家的香火延续。孔子开解商瞿的老母亲，说是他观察商瞿的面相举止，可以断定商瞿四十岁以后会有五个儿子。以后果然如此。敢问夫子是怎么知道的？"[①]有若的确没法解释，只好谦逊地说："夫子乃天上日月，有若乃地上丘陵。我们还是永远以孔老夫子为师，我声明就此退位让贤吧。"

原来，曾参、高柴的门人素知他们的老师不赞成立有若为孔门盟主，一直想着推倒有若，甚至想着推举曾参为孔门盟主，但遭到了曾参的严词拒绝。于是他们便趁祭孔二十年大典，上演了一出将有若推下盟主神坛的闹剧，终于达到了有若不再为孔门盟主的目的。

这次事件，极大地加深了子夏、子游、子张和曾参、高柴等孔门弟子的分歧，最终导致子夏、子游、子张陆续离开鲁国，分别回到他们的母邦魏国（卫国温地已归魏国）、越国（吴国已被越国打败）、楚国（陈国已被楚国所灭）继续传播孔门儒学。

亲爱的读者，接下来子夏是怎样回归魏国的？他在魏国做出了一番怎样的事业呢？请您继续品读子夏接受魏成子邀请赴魏的故事。

① 参考《史记·仲尼弟子列传第七》。

94 受邀赴魏

公元前453年，晋国韩、赵、魏三家大夫一起推倒执政大臣智伯，并瓜分智伯领地，赶走晋出公，立晋哀公。晋国国君已被韩、赵、魏三家大夫完全架空，三家大夫开始以诸侯自居，对外以诸侯国身份与其他国家交往。公元前445年，年轻有为的魏文侯魏斯继承祖父魏桓子职位，开始执掌魏国军政，与比他更年轻的弟弟魏成子精心合作，不过两三年时间，魏国各地百姓丰衣足食，子夏的卫国故乡温地也被纳入魏国的管辖范围。

公元前442年春季的一天早晨，魏成子匆匆来到魏文侯寝宫，汇报道："兄长，您继位执掌国政以来，带领魏国上下励精图治，民富军强；实行招贤引才国策，引进鲁国军事奇才吴起，很快就改变了魏国与秦国边境对峙的不利态势。我认为治国要文武相辅，文德为先，以德化民，才是强国久策。我刚听说鲁国圣人孔子的得意弟子子夏，已被咱们温地乡学先达请来讲学。前两年没有请来，是因为子夏怨恨卫国温地被咱魏国占领，有亡国之怨。这两年子夏听说温地在魏国治理下，百姓丰衣足食，更加重视礼乐教化了，所以答应前来。您也知道，子夏精通儒学六艺，对于治世强国学说也很有见地。我请求秉承您的旨意，以国君的名义去邀请他移居咱们国都，为魏国文德强国出力。"

魏文侯是一位文武兼备的国君，早就关注孔门弟子的发展情况：冉耕、颜回、子路已经离世，冉求、子贡正为鲁国、齐国重用，子游、子张已回归越国、楚国，闵子骞、冉雍、宰予早已远离官场，成为隐士圣贤。只有子夏，故居而今已成魏国国土的温地。如能得到这样一位儒学大贤辅佐治国，何愁魏国不会长治久安呢？魏文侯想到这里，非常高兴地对魏成子说道："好，真是太好了。像子夏这样的治国大师，我们一定以诚相待，诚挚盛邀才是。请你立即代表寡人携重礼前往拜见迎请吧。"

魏成子很快准备了聘请贤达的玉帛重礼，带领魏国行人、史官来到了温地子夏讲学的地方。魏成子作为魏文侯的亲弟前来，引起很大轰动，学子们纷纷上前围观，猜测着魏成子一行大臣的来意。子夏得知魏成子前来拜访自己，并未像周围的学子一样激动或惶恐，而是非常客气地接待了魏成子一行。

魏成子首先向子夏转达了魏文侯的亲切问候，然后热情地表达了对子夏的敬意："久闻子夏先生深得孔圣人学问道德真传，熟知《诗》《书》《礼》《乐》，参编《春秋》《左传》，精通治国之道。所以，魏君和我很想请您移居魏国国都安邑，辅佐我君治理魏国。"子夏忧伤地回答："鄙人本是卫国人士，今日已成亡国之民，有何资格为魏君效力呢？"魏成子劝解子夏说："现在各国时局动荡，百姓唯愿有明君治理，且闻先生早有'四海之内皆兄弟'①的理念，应奉行孔圣人所言道同即可与谋的主张。今温地在魏君治理下更加兴旺。现魏君与宫中群臣皆以您为魏国国民而自豪，愿您能认同魏国为自己的国家。"

　　魏成子与子夏畅谈了整整两天，子夏慢慢地被魏成子的诚意所打动，对同来的史官提醒道："魏国新成，尚未得到周天子认可，更需战战兢兢、精心治国不懈。今魏国大患当推边境与秦国之争，请咱魏国史官介绍一下秦晋历年之争吧。"于是魏国史官向在座各位介绍了晋文公、秦穆公以来的几次秦晋之争。当史官说到"晋师伐秦，三豕渡河"情节时，子夏善意纠正道："这是不对的，'三豕'应该是'己亥'，说的是晋国军队渡河的时辰。"魏成子是察人细微的人，立即悄悄命魏国史官赴晋国国都田邑请教晋国史官关于晋师伐秦的记载，果然如子夏所言"己亥耳"。魏成子将之报告魏文侯，魏文侯开始奉子夏为圣人。②在魏成子一片诚意的打动下，子夏终于答应了与魏文侯见面的请求。

　　亲爱的读者，子夏与魏文侯是怎样相见的？请您继续品读子夏被魏文侯"尊为国师"的故事。

---

　　① 参见《论语·颜渊》第5章。司马牛忧曰："人皆有兄弟，我独亡。"子夏曰："商闻之矣：死生有命，富贵在天。君子敬而无失，与人恭而有礼。四海之内皆兄弟也。君子何患乎无兄弟也？"

　　② 参考《孔子家语通解·卷第九·七十二弟子解第三十八》。

95 尊为国师

　　公元前442年暮春时节，魏国国都安邑繁花似锦，春意盎然。魏成子请魏文侯以郊迎之礼，举办了迎请子夏的盛大仪式。

　　这一年，六十六岁的子夏带领从鲁国过来的两位弟子公羊高与谷梁赤，一同参加了魏文侯的迎请盛典。他们两人与魏成子同乘一辆车，紧随魏文侯、子夏车辆之后。公羊高感慨地对谷梁赤说："当年卫灵公载南子出游，让孔老夫子的车辆在后面相随，孔老夫子视为耻辱；现在卜子与魏君同车，深受国君器重，我们真是倍感荣幸啊！"魏成子接话道："国君治国非聚财，财聚则人散；兴国之策唯聚贤，贤聚则国兴。现魏君能请来子夏先生，我们魏国何愁不兴！"

　　魏文侯把子夏迎请进宫殿落座后，便求贤若渴地向子夏请教道："寡人深知先生精通礼乐，故以古乐伴奏迎请。寡人穿戴礼服聆听古乐，时间长了就容易瞌睡。可是欣赏郑卫之音，反倒不知疲倦，请问是什么原因呢？"

子夏施礼对答道:"郑卫音乐舞蹈参差不齐,曲调放荡,男女混杂,容易诱人颓废失礼。古乐乃德音,可以辅助圣人治理天下,可以考证乐律,调和五声,演奏朝颂诗篇,可以用于祭祀征戎国事!"①

魏文侯听后恍然大悟,向子夏施礼拜谢道:"先生一言,解吾茅塞。请为寡人为君治国教诲一言,若何?"

子夏对答:"为人君者,个人好恶关乎臣子习气;君为国政,政令爱民关乎国之兴衰。故为君治国,战战兢兢,如临深渊,如履薄冰②,不可不慎。"

魏文侯闻言大喜道:"多谢先生教诲。久闻先生通晓《春秋》,参与《春秋左氏传》的编纂,实乃治国栋梁。寡人欲请先生入朝为相,可否屈就?"

子夏沉吟片刻,回复道:"以前鲁君请我出仕为政,我曾表示过:'诸侯傲视我的,我不做他的臣子;大夫傲视我的,我不再见他。'③我不适合做官,我愿在魏国继续孔老夫子教化弟子事业,'学而不厌、诲人不倦'④。"

魏文侯听罢,对子夏更添钦佩之情,诏令魏成子和群臣道:"鲁国有孔夫子圣人之教,子路、冉求、子贡皆为治鲁相齐之能臣。今吾魏国有幸请子夏前来讲学,传播礼乐治国大道,实乃魏

---

① 出自《礼记·乐记第十九》。

② 出自《诗经·小雅·小旻》。

③ 参考《荀子·大略》。

④ 参见《论语译注·述而篇第七》第2章。子曰:"默而识之,学而不厌,诲人不倦,何有于我哉?"

国兴盛之本。子夏学贯古今，堪称圣人，我愿拜圣人为师，尊子夏为国师。请辟西河之地，以便让子夏国师设帐讲学。寡人贤弟成子，能舍薪广招列国英才，强大魏国，实有宰相气度。现寡人宣魏成子为国相，支持子夏国师西河讲学成功。"

据传当年秦国朝内正在密谋讨伐魏国、打败吴起的计策，听说魏文侯拜子夏为师，受子夏经艺，秦相建议秦君道："魏君礼遇圣贤子夏，举国称仁，臣民和睦，上下一心，是不可以图谋的。"魏文侯拜子夏为师的佳话很快传遍诸侯列国，得到了普遍赞誉。①

亲爱的读者，子夏晚年是怎么离开鲁国到魏国讲学的呢？请您继续品读子夏"辞别曾参"赴魏讲学的故事。

---

① 参考《史记·魏世家第十四》。

96 辞别曾参

公元前442年夏天，天气格外炎热。子夏自这一年春天答应魏文侯赴西河讲学后，就匆匆赶回鲁国卜商学馆，开始安排弟子求学出路，筹备赴魏国西河讲学事宜。

子夏被魏文侯拜为国师的消息，在鲁国引起了轰动，曾参和子夏的弟子纷纷向子夏表示祝贺。子夏历经多年人生沧桑，心地却显得很是平静，尤其是他得知小他一岁的同道学友子游在越国去世的消息后，顾不上劳顿的身体，立即带领他和曾参的十名弟子，赶赴越国参加了子游的丧葬仪式。子夏痛别道："昔时子游、子张与吾，同在圣人门下求学，跟随夫子研悟《诗》《书》《礼》《乐》修身治国之道，何其乐哉！四年前子张别我而去，今小我一岁的子游学弟又先我而去，以后人间传播夫子学说者，唯剩吾与子舆（曾参，字子舆）了。子游走好，我与子舆在世弟子，一定继续笃志于孔老夫子未竟事业。"

子夏参加完子游葬礼返回鲁国，马上拜访小他两岁的学弟曾参。六十六岁的子夏和六十四岁的曾参见面，显得分外亲近，年轻时的学问之争，已经完全融化于同门弟子的浓情厚谊中。

子夏说道："昔时夫子如你我年龄，尚在周游列国磨难中。今时你我学问，如能得到更多国家认同和推行，不仅能够实现你我鸿鹄之志，也能更好地告慰夫子在天之灵。如今魏君邀我到他的国家讲学，并在西河筑建学馆，所以，我打算到魏国去，继续传播夫子的儒家学说。我的部分弟子不能前去，还望能够加盟到学弟门下。"

曾参高兴地祝贺说："夫子在世，广收弟子，开馆讲学，志在恢复周公之道。今孔门众弟子陆续离去，唯你和我不慕官场诱惑，仍在鲁国继承夫子之志，传播孔门之学。现你去魏国讲学，虽然我在鲁国感觉势单，但仍为你去魏国传播孔门儒学高兴。咱们都是孔门弟子，不分彼此，学兄尽管放心。夫子在世，我们常常请教何如斯可谓之士矣，今我送兄一言共勉如何？"

子夏欣然应道："愿闻赐教。"曾参慨然道："士不可以不刚强而有毅力，因为他重任在肩而路途遥远。以实现仁德于天下为己任，不也是艰难的重任吗？到死方休，不也是很遥远吗？"①子夏应声道："子舆赠言，正合君子之道。愿与学弟共勉。"

正巧这日，孔子嫡孙子思刚自卫返鲁，前来拜访曾参，碰到了两位师叔在场，非常高兴。子夏望着已过而立之年的子思说道："夫子血脉，唯孙孔伋；夫子学问真传，子舆教诲为主，我

① 参见《论语译注·泰伯篇第八》第7章。曾子曰："士不可以不弘毅，任重而道远。仁以为己任，不亦重乎？死而后已，不亦远乎？"

也参与其中。如今夫子之孙也能传播孔门之学，真是我们孔门之幸啊！还望《论语》编纂，由孔夫子嫡孙定稿为宜。"曾参对此深表赞同道："孔伋已得孔门学问真传，传述夫子'中庸'旨意的书论，正在创作修订中。我也赞成子夏建议，愿我和子夏有生之年，可以见到《论语》书册定稿，拜读孔伋《中庸》大作。"

亲爱的读者，子夏到了魏国，在西河是怎么开展讲学的呢？请您继续品读子夏到魏国"西河讲学"的故事。

97 西河讲学

子夏辞别曾参，来到魏国，已是公元前441年的春天了。当他看到魏文侯短短一年时间，为他修建而成的百亩西河学馆时，心中甚是感动。只见环绕学宫的四周院墙，遍植笔直的银杏，仿佛众多的学子，迎风而立，互参学问。门前垂柳门后榆树，象征着学子如垂柳谦恭做人，如榆树大智若愚不以才气傲人。当他看到西河学馆的牌匾时，更加坚定了终生西河讲学的决心。

魏国及韩、赵、秦等邻国众多士子听闻魏文侯拜子夏为师，又多慕子夏学问盛名，纷纷前来子夏西河学馆求学。子夏让谷梁赤、公羊高为求学弟子讲述《春秋》，自己为求学弟子讲述《诗》《书》大义。不到两年时间，前来求学弟子就二三百人。弟子们将子夏奉为圣人，互相传播着子夏的《书》论名言："《书》之论事，就像星辰那样井然有序。上可见尧舜古帝之德，下可见夏、商、周三王之义。凡是我从夫子这里学习的

《书》的篇章，牢记在心不敢遗忘。"①子夏不仅关注弟子学问，更加重视弟子品性养成，规定四条德性标准：一是选择妻子，要避免重貌轻德；二是侍奉父母，要尽心竭力；三是侍奉君主，能豁出性命；四是与朋友交往，言语必须诚实守信。②

子夏讲学之余，也经常小范围教诲诸多更有悟性的弟子。李克、田子方、段木干是他最欣赏的三位弟子。李克又名李悝，战国初期曾任魏国中山相，著有《法经》一书。田子方先在齐国从师子贡，后到魏国求学子夏，魏文侯曾慕名拜他为师。段木干是魏国安邑人，他的好友先后为将，只有他清高，隐居不仕。子夏经常与这三位弟子谈学论道。

这一日，三人又来到子夏住处请教学问。子夏请他们谈谈各自的志向。李克先道："吾求学问志在报答明君。今求学问于国君师，谋划国事于魏君，平生如愿足矣。"子夏评价道："学以报君，以利其民，可谓国士矣。"

田子方接言道："吾前赴齐学于端木子，今又慕名入魏学于卜子，常怀报国之志。魏君信于我，我当报之；齐君信于我，我亦报之。"子夏赞赏道："志在天下列国，可谓志士矣。"

段木干后言道："吾幼家贫羡富，及长从商致富，更慕君子求学向善。今拜卜子为师，唯愿隐居以求吾志，行义以达吾

---

① 见《孔丛子·卷一·论书第二》。

② 参见《论语译注·学而篇第一》第7章。子夏曰："贤贤易色；事父母，能竭其力；事君，能致其身；与朋友交，言而有信。虽曰未学，吾必谓之学矣。"

道。"①子夏赞美道："人各有志，贵在高远，可谓高士矣。"

三人同声道："愿闻卜子之志。"子夏喟然叹曰："得列国英才而教之，弟子每天能够学到新知，每月温习本月所学，即我好学之乐②。吾愿足矣。"

这样的场合，都由子夏的儿子卜芹在一旁记录。六十七岁的子夏全靠儿子照料。卜芹自幼在父亲熏陶之下，聪明好学，身通六艺，子夏对他十分喜欢和依赖。

亲爱的读者，子夏在魏国名声日隆，魏文侯对他是怎样尊敬的呢？请您继续品读子夏"被尊为圣"的故事。

---

① 参见《论语译注·季氏篇第十六》第11章。孔子曰："见善如不及，见不善如探汤。吾见其人矣，吾闻其语矣。隐居以求其志，行义以达其道。吾闻其语矣，未见其人也。"
② 参见《论语译注·子张篇第十九》第5章。子夏曰："日知其所亡，月无忘其所能，可谓好学也已矣。"

98　被尊为圣

魏文侯非常善于笼络人心。他尊崇不愿为官的子夏及其贤能弟子段木干的做法，很快在列国之中赢得了求贤若渴、爱惜人才的美名。据传：魏文侯每次经过子夏与其弟子段干木居住的院门时，都要手扶车前横木站着经过，以示敬意。

魏文侯的车夫很不理解，向魏文侯发牢骚说："子夏、段木干皆为布衣之士，君上这样做不就有损高贵的身份了吗？"魏文侯对车夫及其随行的臣子道："卜、段二子不仕且不趋炎附势，怀君子之道，虽居穷巷，美名远播千里之外，寡人怎能不扶轼而立表达敬意呢？再说，他俩因有德行而获得仁义美名，寡人因占领土地而取得丰厚财富。土地不如德行，财富不如仁义。这样的人正是寡人应该学习、尊敬的呀！我向子夏、段木干这样德高望重的儒学高人致敬，更显我尊圣礼贤的美德，提升魏在列国中的名声和地位啊！"

子夏西河学馆讲学，为魏国吸引了诸侯列国的许多学子，几年时间就已形成了影响巨大的西河学派。子夏的西河学派有别于鲁国曾参"至孝重礼"的特色，而是转为对弟子"经世致用"的培养。因此，西河学派弟子学成后大多任职于魏国，为魏文侯治理强盛魏国发挥了重要的作用。据后世学者考证，战国时期法家代表人物李斯和韩非子及其老师荀子的学说观点，就是由子夏西河学派演变而来的。

魏文侯对子夏的西河讲学一直提供着坚定的支持，每年都要定期去探望慰问子夏，接见西河学馆的优秀弟子，从中选拔优秀人才，出任魏国各级官吏。

由于子夏在魏国的讲学声名日盛，不过几年的时间，说起魏国儒学，必以子夏为圣，卜子名声已有覆盖孔子之势。这种情况，不免引起了一直在鲁国传播孔门之学的曾参的疑虑。

亲爱的读者，接下来年老的子夏命运会发生什么转折呢？接替孔门十哲传递孔门儒学的接力棒，又传给了哪位呢？请您继续品读子夏老年遭遇"丧子失明"的伤感故事。

99　丧子失明

子夏魏国西河讲学，自公元前441年开始，转眼到了公元前436年。子夏在魏文侯的鼎力支持下，和他的得意门生段木干、田子方、李克、公羊高、谷梁赤等人经过多年的辛勤努力，西河学馆已成为列国文化发展中心，西河学派与新兴的墨家学派开展了针锋相对的争论，西河学派得到了多国统治阶层的认同与支持。

公元前436年冬，刚迈入七十二岁门槛的子夏老人，也如他的老师孔夫子一样，经历了丧子之痛。他最喜爱的儿子卜芹得病去世。在儿子重病的半年间，年老的子夏一直在儿子的身边照顾。魏文侯闻讯，也多次派御医前来诊治赐药。只是卜芹积劳成疾，最终撒手人寰。

青年丧亲、中年丧妻、老年丧子的子夏回顾自己坎坷的一生，不禁悲从心生，谢绝宾客，多日以泪洗面，郁郁寡欢。时间刚刚拐到公元前435年初春，七十三岁的子夏终因丧子之痛，不幸双目失明了。

此时，正在卫国帝丘讲学的孔子嫡孙子思听闻卜叔子夏双目失明，心情沉痛。他的爷爷孔子门下的贤能弟子，如今只有子夏和曾参了。这两位师叔自幼照顾自己生活，传授儒家六艺学说，付出了许多，子思对他们的感激之情是永生难忘的。此时，子思倾半生精力著述的《中庸》三十三章刚好杀青，正想向两位前辈请教。于是，子思决定先回鲁国，拜请曾参指导自己的《中庸》书稿，并将孔门前辈弟子传承给自己的《论语》定稿书册，征求曾参建议，然后再陪同曾参去魏国探望子夏。

亲爱的读者，曾参、子思叔侄都是传播孔门儒学的巨匠，您是否想一睹他们两位儒学文化巨匠与子夏相见相谈的动人场景呢？请您继续品读失明子夏"又见曾参"与子思的动人故事。

100 又见曾参

不多日，子思驾车运载着《论语》和《中庸》竹简，从卫国回到了鲁国，来到曾参讲学居住的地方。此时正值公元前435年的暮春时节，曾参居所草长莺飞，鲜花盛开，好一派万物生长的旺盛景象。但当子思见到已被弟子称呼“曾子”的曾叔时，七十一岁的曾参也已是风烛残年，身体一天不如一天了。

子思与曾参施礼毕，充满爱戴地说道：“曾叔年事已高，恳请您多多保重身体。孔伋我很钦佩您为孝道忍痛休妻，很感动您为儿子亲情着想，一直没有再成家。看到您的儿子和弟子围绕在您老身旁侍奉听教，我爷爷在天之灵也会备感欣慰的。现在我已经把您和爷爷诸多弟子汇集的孔门师徒句章，辑录成《论语》二十篇，听说我早年去世的端木叔的弟子们在齐国将《论语》辑录成二十二篇，我在魏国的卜商叔将《论语》辑录成二十一篇。我这次来就是想请您看看我编辑的《论语》稿样是否合适？这也算是咱们鲁国版的《论语》吧。”

　　曾参展开子思定稿的《论语》竹简，一篇一篇地浏览着这些孔子在世的教诲章句，诸位学兄问诸夫子的学问切磋，夫子去世后他与子夏、子游、子张等孔门弟子的学问争论，感慨万千，欣慰地说道："昔时夫子去世后，有孔门弟子欲立有若，像对待孔老夫子那样侍奉。我坚决反对，坚信自生民以来，未有圣如夫子者。夫子的学问道德如同经长江、汉江水洗涤过一样，经盛夏的太阳曝晒过一般，洁白得没有任何人可以比得上！现在我看你编纂《论语》已经大成，颇觉由你传播孔门之学有望了。《论语》里称'有子'尚可；称我为'曾子'，怎么可以呢？称'参'或'子舆'足矣。我听说你多年做'中庸'大论，以阐释夫子'中庸之道'，《中庸》大作杀青否？"

　　子思应声道："曾叔您以孝为本，所作《孝经》，天下君子无不践行；以学为体，《大学》至善之道皆备；维护夫子圣人地位，已成天下美谈。您终生宗法孔圣之道，可谓'宗圣'矣，称您"曾子"，不也是可以的吗？"说完他马上向曾参呈递上自己的《中庸》书简。曾参打开子思的《中庸》篇章，轻声诵道："天命之谓性，率性之为道，修道之谓教……"当他读到"莫见乎隐，莫显乎微，故君子慎其独也"的时候，拍案赞赏道："君子慎独，率性至真，乃真君子也。好！孔伋学问，已吃透孔门儒学真谛。由你传播孔圣之学，我就没有什么可以忧虑的了！"

　　当子思提议陪同曾参去魏国看望双目失明的子夏时，曾参咳嗽几声，长叹道："如今圣人门下教授孔门儒学的人，唯有我和子夏了。我已年过七十，身体每况愈下。趁我还能喘气，就请你陪我去魏国看看我的子夏老友吧。"

公元前435年初夏时节，曾参在孔子嫡孙子思的陪同下，来到了魏国子夏所在的西河学馆，探望已双目失明、离群索居的同门老友子夏。

魏文侯听说各国敬仰的鲁国大学者曾参和孔圣人嫡孙子思到访，非常高兴，特地赶来接见他们，希望他们能够劝说子夏先生振作起来。子夏虽然不愿见客，独自忧伤，但听说古稀之年的老友曾参和自己先师孔子嫡孙子思前来探望自己，非常感动，同意弟子及其孙儿服侍自己修面、挽发、换衣，拄杖接待自己的老友。

这次三位文化巨人与魏文侯的会见，是传承孔门学说的重要里程碑。四十九岁的子思自幼在儒学环境中耳濡目染，勤学好问，已经著述《中庸》代表作。如今，子思陪同著述了《孝经》《大学》、七十一岁高龄的曾参，前来魏国探望同门学友七十三岁高龄的子夏。已近不惑之年的魏国君主魏斯励精图治、君明臣贤，亲自光临魏国西河学派三百余名学子公推的领袖子夏的居所，陪同子夏会见曾参和子思，的确是一段值得史书记载的儒学佳话。

子夏见到曾参，两位古稀之年的老友心情分外激动，回首往昔求学传道生涯，难以自制，唏嘘不已。这感情至深的场面，深深打动了魏文侯。魏文侯劝慰道："两位孔门圣人贤徒，毕生追随孔夫子为学传道、周游列国，践行孔夫子'默而识之，学而不厌，诲人不倦'①的圣人之道，名满天下，列国学子心向往之。请勿过于劳心往事，忧伤悲戚。还望曾子和孔伋两位儒学贤者，多在魏国居住些日子，我们魏国学子将会以此为荣，多受教诲。"

曾参非常同情子夏因为死了儿子而哭瞎了眼睛，安慰子夏说："我听说，朋友丧失了视力，应该为他难过地哭一场。因此，我和老友子夏见面，未言先泣，还望魏君海涵。"子夏听到曾参的安慰，也红肿着眼睛说："天啊！我是无罪的，上天为什么让我早年丧亲、中年丧妻、老年丧子，落得晚景悲凉的下场！"

魏文侯接话道："子夏先生的遭遇，我们都深表同情，但都无力劝说他解脱出来，还望曾老夫子能向子夏先生进言劝说，助他振作起来。"曾参一听，认为仅表同情，肯定无法将子夏带出悲伤的情绪，必须反其道而行之。于是他故作动气，责备子夏道："子夏！你怎么能说自己是无罪的呢？我和你都在洙水、泗水之间跟着我们的孔老夫子学习本领，年纪大了，你就回到了西河地区，也没听说你如何颂扬孔老夫子，倒是使西河的学子把你比作我们的夫子，这是你的第一条罪过。你的双亲去世，居丧期间，你也没有让当地居民看到你有什么振作的表现，这是你的第二条罪过。死了儿子，你就哭瞎了眼睛，说明你把儿子看得比长辈还重要，这是你的第三条

---

① 参见《论语·述而》第2章。子曰："默而识之，学而不厌，诲人不倦，何有于我哉？"

罪过。我就说这三条吧，你扪心自问，怎么会是没有罪过呢？"①

子夏听后，回想孔子当年周游列国屡遭磨难，从未顾影自怜，怨天尤人，反而教诲弟子"君子固穷，小人穷斯滥矣"，觉得不能再沉湎于对自己人生不幸的自怨自艾了，必须像孔子一样，以天下为先，以推行周公之道为毕生大任，助力魏君人文教化、富国强兵。曾参之言如一剂猛药，子夏听后顿觉心境豁然开朗，一下子挺直了身体，丢下一直拄着的手杖，拱手拜谢曾参道："感谢老友良言相劝。我错了！我错了！我哀伤日久，不能再这样了。我离开朋友而独居，时间也太久了！我要继续投入西河学馆讲学事业，弘扬孔老夫子儒学之道。"

子思看到两位前辈真诚的交流，非常感动地说："晚辈看到两位孔门前辈相言甚欢，真替爷爷在天之灵倍感欣喜。晚辈心悦诚服，愿以'子'敬称二位前辈。我的《中庸》书论已受曾子点拨，这次来魏国，既是看望卜子身体，更愿能够得到卜子指教。听说卜子《论语》二十一篇已在魏国广为传播，端木子的齐国弟子编纂的《论语》二十二篇也在齐国到处传诵，我在曾子指导下的《论语》二十篇已经得到鲁君御笔赐名，现在呈递给卜子，聆听指教。"

魏文侯听到子思此言，击掌赞赏道："孔子六艺，《诗》《书》《礼》《乐》《易》《春秋》，教化天下三千弟子；曾子、卜子二贤，传播孔门儒学终生不辍，教化列国百千弟子；今孔门之后孔

---

① 参考《礼记·檀弓上第三》。

仅钦定《论语》，著述《中庸》，更加弘扬孔门儒学圣贤之道，真是我华夏文化大幸。寡人定当奉您三位为宗师，诚邀三位定居魏国，弘扬孔子精神，传播儒学之道。"

曾参、子夏和子思朝夕相处一月，看到子夏确实恢复了精神，振作了意志，非常高兴。曾子自感身体衰弱，来日无多，所以和子思谢绝了魏文侯的盛情挽留，辞别子夏，在子思的陪同下，很快回到了鲁国。

孔子去世后，继曾子、子夏之后，孔门儒学的传承，就由子思接替下去。子思慧眼识才，又将继续光大儒学的衣钵传递给了孟子，从而形成了我国先秦时期发展比较成熟的孔孟儒家学说。

亲爱的读者，孔门十哲的百则成长故事，到这里就画上句号了。孔子儒学弘扬人伦大道，倡导孝悌忠信，虽经秦代暴政摧残，然自汉代武帝"罢黜百家，独尊儒术"以来，一直为统治者所奉行。《孔门十哲》所突显的孔子"温良恭俭让、恭宽信敏惠"的儒家情操，已经成为当代中国社会主义核心价值观的重要文化支撑，需要家庭、学校、社会各界人士一代又一代地传承与弘扬下去，共铸中华民族美好家风、校风、国风。

主要参考文献

1. 杨伯峻译注：《论语译注》（简体字本），北京：中华书局，2006。

2. 杨朝明、宋立林主编：《孔子家语通解》，济南：齐鲁书社，2013。

3. 钱逊解读：《论语》，北京：国家图书馆出版社，2017。

4. 郭丹、程小青、李彬源译注：《左传》，北京：中华书局，2012。

5. 韩兆琦译注：《史记》，北京：中华书局，2010。

6. 王钧林、周海生译注：《孔丛子》，北京：中华书局，2009。

7. 杨伯峻译注：《孟子译注》，北京：中华书局，2008。

8. 胡平生、张萌译注：《礼记》，北京：中华书局，2017。

9. 王秀梅译注：《诗经》，北京：中华书局，2015。

10. 方勇、李波译注：《荀子》，北京：中华书局，2011。

11. 高华平、王齐洲、张三夕译注：《韩非子》，北京：中华书局，2010。

12. 杨天才等译注：《十三经》，北京：中华书局，2018。

13. 洪迈撰，孔凡礼点校：《容斋随笔》，北京：中华书局，2015。

14. 韩婴撰，许维遹校释，《韩诗外传集释》，北京：中华书局，2020。

15. 王国轩译注：《大学 中庸》，北京：中华书局，2016。

16. 李长之：《孔子的故事》，南昌：二十一世纪出版社，2011。